跨境电商与我国出口贸易发展研究

陈仕榜　著

中国原子能出版社

图书在版编目（CIP）数据

跨境电商与我国出口贸易发展研究 / 陈仕榜著.
北京：中国原子能出版社，2024. 8. -- ISBN 978-7
-5221-3584-7

Ⅰ. F724.6；F752.62

中国国家版本馆 CIP 数据核字第 2024MY3447 号

跨境电商与我国出口贸易发展研究

出版发行	中国原子能出版社（北京市海淀区阜成路 43 号　100048）
责任编辑	王　蕾
责任印制	赵　明
印　　刷	河北宝昌佳彩印刷有限公司
经　　销	全国新华书店
开　　本	787 mm×1092 mm　1/16
印　　张	14.625
字　　数	203 千字
版　　次	2024 年 8 月第 1 版　2024 年 8 月第 1 次印刷
书　　号	ISBN 978-7-5221-3584-7　　　　定　价　**86.00 元**

前　言

当前，跨境电商作为对外贸易增长的新引擎，已发展成为国际贸易重要的组成部分。在我国，跨境电商为外贸企业的发展提供了更为广阔的国际市场和新的发展机遇，并对出口贸易产生了深远的影响。在新冠疫情之后，全球的经济发展都面临着严峻的挑战，人们的生活和工作方式也发生了显著变化。在这一背景下，依托互联网而高速发展起来的跨境电商经济和贸易显示出了巨大的优势和潜力。与此同时，跨境电商还将不断结合新兴数字技术和市场需求变化，持续提升自身的适应力和竞争力，不断取得新突破。但是由于跨境电商还是一个相对较新的事物，因此许多外贸企业在开展跨境电商业务的过程中也遇到了前所未有的挑战和困难。这种情况不仅会影响外贸企业的生存和发展，而且会对我国的出口贸易产生一定影响。为改善这一现状，促进我国外贸企业跨境电商的健康发展，提升其在国际市场上的竞争力，进而加强我国出口贸易的持续增长，作者通过对外贸企业（尤其是开展跨境电商业务的中小型出口贸易企业）进行实地调研，并在查阅大量相关著作文献和数据资料的基础上，精心撰写了本书。

本书共有七章内容。第一章分析跨境电商基本理论与发展概况，包括跨境电商的内涵与分类、相关理论、发展历程及现状。第二章从运营管理的角度切入,对跨境电商平台选择、市场选品、店铺管理、产品推广、客户服务等内容进行细致的介绍。第三章对跨境电商核心要素之一的跨境支付进行详细讲解,内容涵盖跨境电商支付概述、支付方式、发展趋势,以及对我国的启示等。第四章对跨境电商核心要素之一的跨境物流进行详细讲解,涉及跨境电商物流概述、进出口物流管理,以及物流一体化等内容。第五章重点探究国际贸易的发展及与电子商务的内在关联。第六章从现状、机遇、挑战、机理等方面深入分析跨境电商发展对我国出口贸易的影响,并提出切实可行的发展对策。第七章特别针对中小型出口贸易企业跨境电商的发展展开深入研究,分析了发展跨境电商对中小型出口贸易企业的意义、机遇及困难,并提出具有针对性和可操作性的发展对策。

总体而言,本书具有以下特征。

第一是实用性。本书从国际贸易发展现状出发,结合理论分析,将跨境电商所面临的实际问题进行梳理,并通过翔实资料、权威数据等做出深入分析,最后提出具有可行性的发展对策。因此,对于从事跨境电商的外贸企业而言,具有很强的实用性,能够帮助它们有效地解决一些现实问题。

第二是系统性。跨境电商是一个相对较新的领域,本书从跨境电商的产生背景、核心要素、发展机遇,以及对于我国出口贸易和中小型出口贸易企业的影响等方面进行系统介绍。无论是业内还是业外人士都能通过阅读本书,对跨境电商获得全面了解。

总之,本书对跨境电商和出口贸易发展进行了全面、系统的梳理,不论是对于从事跨境电商的入门者,还是对于在跨境电商运营中遇到挑战的从业者都具有较强的现实指导作用。希望本书能够给我国跨境电商领域的经营者带来新的发展思路，帮助他们解决现实问题，从而为推动我国跨境电商贸易出口额的稳步增长作出贡献。

　　本书在撰写过程中参考并借鉴了很多专家、学者的研究成果，在此表示诚挚的感谢。由于作者水平有限，书中难免有不妥与疏漏之处，敬请广大读者批评指正。

目　录

第一章
跨境电商基本理论与发展概况

跨境电商与传统的跨境贸易不同，它是依托互联网、发达的通信手段以及方便的在线支付系统等要素的共同支持发展而来。本章将对其基本理论以及发展概况进行详细阐述。

第一节　跨境电商的内涵与分类

一、跨境电商的内涵

跨境电商的全称是跨境电子商务（Cross-border Electronic Commerce），它是指分属不同关境的交易主体借助互联网，通过电子商务平台达成交易、进行电子支付结算，并通过跨境电商物流将商品送达消费者手中，从而完成交易的一种国际商业活动。跨境电商涉及跨国交易、物流、支付、客服等环节，具有突破地域限制、将传统进出口贸易电子化、数字化和网络化的特点，有助于外贸企业拓展海外市场，提升国际竞争力。

二、跨境电商的分类

（一）根据交易模式分类

1. B2B 模式

这种模式属于企业之间的交易。即通过跨境电商平台发布信息、交易、支付结算，然后通过跨境物流送达商品。这是目前跨境电商的主流模式，主要服务于全球的进出口贸易。

2. B2C 模式

这种模式属于企业与消费者之间的交易。即消费者通过跨境电商平台购买商品。这种模式类似于传统的零售模式，但销售的商品是跨国界的。

3. C2C 模式

这种模式属于消费者之间的交易。即消费者个人在跨境电商平台上购买或出售商品。这种模式类似于国内的淘宝等平台，但销售的商品是跨国界的。

4. F2C 模式

这种模式属于工厂直接与消费者之间的交易。即工厂通过跨境电商平台直接销售给消费者。这种模式能够减少中间环节，降低成本，提高效率。

5. O2O 模式

这种模式属于线上与线下的结合。即消费者在线上选择商品，线下到实体店体验和购买商品。这种模式主要适用于一些需要线下体验的商品，如服装、鞋帽等。

（二）根据服务类型分类

跨境电商可以分为信息服务平台、在线交易平台和外贸综合服务平台等几种类型。

1. 信息服务平台

主要提供商品、服务和交易信息，帮助买卖双方进行匹配和交易。

2. 在线交易平台

提供线上交易服务，包括订单管理、支付结算、物流配送等，帮助买卖双方完成交易。

3. 外贸综合服务平台

提供一站式外贸服务，包括报关报检、物流运输、结汇退税等，帮助企业简化外贸流程，提高交易效率。

（三）根据平台运营方式分类

1. 第三方开放平台

允许第三方商家入驻，平台提供商品展示、交易、支付、物流等基础服务，同时收取一定的服务费用。

2. 自营+平台模式

对于一些大型的电商平台，一方面自营部分产品赚取差价，另一方面作为平台提供方收取佣金。

3. 自营模式

平台自己经营商品，从采购、销售到配送都由平台自己负责，主要盈利方式是赚取商品差价。

（四）根据进出口方向分类

跨境电商可以分为进口跨境电商和出口跨境电商。进口跨境电商是指从国外购买商品，通过跨境电商平台销售给国内消费者的模式；而出口跨境电商则是将国内商品销售给国外消费者的模式。

1. 跨境电商主要进口模式

（1）海淘模式

国内消费者直接到国外 B2C 电商网站上购物，然后通过转运或直邮等方式把商品邮寄回国的购物模式。这种模式可以说是较为原始的一种进口贸易方式。

（2）代购模式

简单而言，就是身在海外的人或者商户为有需求的国内消费者在当地采购所需商品并通过跨国物流将商品送达消费者手中。从业务形态上，海外代购大概分为两类：海外代购平台（如淘宝全球购、京东海外购等）和朋友圈代购。

（3）海外直购模式（直邮9610模式）

消费者在电商平台上下单付款后，电商平台一边将海外仓中的商品按订单分拣打包，并将包裹批量运输到境内其做过企业备案的口岸，一边将消费者下单付款后生成的订单、支付单、物流单等数据发送到海关系统进行清关，在系统清关完成且经由海关查验放行后，再由国内快递揽收和派送给收件人。

（4）进口跨境贸易电子商务-直购进口（9610）

境内电子商务企业将境外商品销售给境内个人消费者。用户下单后，商品在境外打包并通过国际物流运输到境内关口，完成通关后再使用国内物流配送给消费者。

（5）进口跨境贸易电子商务-保税进口（1210）

境内电子商务企业将境外商品销售给境内个人消费者。商品先批量从境外运输至境内的海关特殊监管区域或保税物流中心（B型），用户下单后，商品在保税仓内打包，完成通关后使用国内物流配送给消费者。

2. 跨境电商主要出口模式

（1）一般出口（9610）

即跨境电商B2C出口模式。客户是个人消费者在电商平台下单后，电子商务企业或其代理人、物流企业通过"单一窗口"或跨境电子商务通关服务平台分别将"三单信息"实时传输给海关。商品出口时，跨境电子商务企业或其代理人向海关提交申报清单，采取"清单核放、汇总申报"方式办理报关手续。跨境电商综试区内不涉及出口征税、出口退税、许可证件管理，且单票价值在人民币5 000元以内的一般出口商品，可采取"清单核放、汇总统计"方式办理报关手续。

（2）跨境电商 B2B 直接出口（9710）

即境内企业通过跨境电商平台与境外企业达成交易后，通过跨境物流将货物直接出口送达境外企业。根据海关要求，企业需要传输相关的电子数据，如订单、发票、物流信息等。此模式下，海关对货物的监管较为严格，但通关效率也相对较高。

（3）跨境电商出口海外仓（9810）

即境内企业先将出口货物通过跨境物流运达海外仓（这些海外仓可以是自营的、第三方的，或者是亚马逊等电商平台的物流仓库）。当海外消费者下单后，货物直接从海外仓发出，送达消费者手中。这种模式缩短了配送时间，提高了客户满意度，也降低了物流成本。

（4）特殊区域出口（1210）

特殊区域出口也称为保税备货出口，主要依托综合保税区等海关特殊监管区域进行。跨境电商企业在此模式下享受入区即退税的政策，这大大提高了企业的资金利用率，并降低了物流成本。在综合保税区内，货物可以进行打包、分拣等操作，再以小包裹的形式发往境外消费者。近年来这种模式的增长态势尤为明显。

（五）根据经营主体分类

1. 跨境电商平台

为消费者提供跨境购物服务的电商平台，例如亚马逊、淘宝全球购、eBay 等。

2. 跨境电商企业

从事跨境电商业务的企业，包括制造商、供应商、零售商等，例如安利、戴尔、联想等。

3. 跨境电商服务商

为跨境电商企业提供服务的企业，包括支付、物流、仓储、海外营销等服务，例如 PayPal、顺丰国际、网易考拉等。

4. 跨境电商个人卖家

通过跨境电商平台出售商品的个人卖家，通常是自主创业的小商家或者个人。

第二节　跨境电商的相关理论

一、市场化理论

跨境电商的市场化理论是指在跨境电商环境下，企业需要通过市场化手段来实现自身的发展和价值。这主要包括消费者需求导向、产品差异化、充分利用市场机会等三部分内容。

（一）消费者需求导向

企业应以不同国家和地区的消费者需求为导向，深入了解和挖掘目标市场，提供具有针对性的商品和服务。

1. 消费者需求的重要性

消费者需求是市场化理论的核心，它强调企业应以满足消费者需求为出发点，进行产品开发、营销策略的制定等。在跨境电商的环境下，消费者需求的重要性更加凸显，因为消费者在购买跨境商品时面临着更多的不确定性，如文化差异、语言障碍、消费理念等。

2. 深入了解消费者需求

在跨境电商中，企业要深入了解消费者需求，需要开展市场调研，包括了解目标市场的习俗文化、消费习惯、购买力等方面的信息。此外，企业还可以通过数据分析、用户反馈等方式，了解消费者的购物行为、偏好和需求。

3. 满足消费者需求的策略

在了解消费者需求的基础上，企业需要制定相应的策略来满足消费者需求。这包括提供适合目标市场的产品、服务、价格以及优化购物流程、提高售后服务质量等。此外，企业还可以通过个性化推荐、定制化服务等手段，进一步提升消费者体验。

4. 持续关注消费者需求变化

消费者的需求是动态变化的，企业应持续关注消费者需求的变化，及时调整自身策略以适应市场需求。这就需要企业必须保持敏锐的市场洞察力，及时获取消费者反馈，掌握市场变化趋势和竞争对手发展动态。

（二）产品差异化

产品差异化是市场化理论的重要组成部分，它是指企业通过改变那些基本相同的产品，使消费者相信这些产品存在差异，从而产生不同的偏好。在跨境电商中，产品差异化是提高企业市场竞争力的关键要素之一。因为企业在面对全球市场的竞争时，需要借助一定程度的产品差异化以区别于竞争对手，进而吸引并保持消费者的关注，帮助企业在全球市场竞争中脱颖而出。

产品差异化的实现方式多种多样，企业可以从产品的实体特性、品牌形象、销售过程等多个方面进行。例如，在实体产品的差异化上，企业可以在产品的外观设计、功能特点、耐用性等方面进行创新，以满足不同消费者的需求。在品牌形象的差异化上，企业可以通过塑造独特的品牌形象，使自己的品牌与竞争对手区别开来。在销售过程的差异化上，企业可以通过提供定制化的销售服务、优质的售后服务等，提高消费者的购买体验。

值得注意的是，在跨境电商环境下产品差异化的实现也会面临一些特殊的挑战。例如，不同国家和地区的消费者需求、文化背景和消费习惯等方面存在较大差异，企业需要能够精准地把握这些差异，提供有区分度的产品和服务。此外，跨境电商中的物流和售后服务也是影响产品差异化的重要因素，企业需要在这方面进行有效的管理和优化。

（三）充分利用市场机会

在当今竞争激烈的商业环境中，企业应当积极寻找和利用市场中的每一个机会，制定有针对性的营销策略和产品策略，以实现自身的发展和竞争优势。特别是在跨境电商领域，这个市场不仅具有高度的全球化特征，而且充满了不确定性和动态性，使得市场机会的利用显得更加尤为重要。

企业要实现充分利用市场机会的目标，就必须要具备敏锐的市场洞察力和创新能力。首先，企业需要关注市场趋势和竞争对手动态，及时发现并抓住市场机会。例如，当某一新兴市场逐渐崭露头角时，企业应立即进行深入分析，评估该市场的潜力和风险，并迅速制定进入策略，以抢占先机，占领市场份额。其次，企业需要不断创新，提供独特的产品和服务，以满足消费者的需求和期望。通过创新，企业也可以创造新的市场机会，提高自身的竞争力和品牌影响力。例如，一些领先的跨境电商企业就通过引入先进的科技手段，如人工智能、大数据分析等，提升了用户体验，创造了新的增长点。

值得注意的是，在跨境电商市场中充分利用市场机会还需要考虑不同国家和地区的文化差异、消费习惯和法律法规等方面的因素。同时，企业还需要与当地供应商、物流合作伙伴等建立良好的合作关系，以降低成本、提高效率并更好地满足市场需求。

二、4P 理论

这是跨境电商中最为常用的营销理论，包括产品（Product）、价格（Price）、地点（Place）和促销（Promotion）。通过精准的产品定位、合理的价格策略、适当的销售渠道和有效的促销手段，可以帮助企业在跨境电商市场中获得竞争优势，从而提高销售量和市场份额。

（一）产品

产品是 4P 理论中的首要元素和基石。在跨境电商中，产品不仅是满足消费者需求的物质载体，更是企业赢得国际市场认可、树立品牌形象的关键所在。精准的产品定位意味着企业需要对目标市场进行深入分析，在跨境电商中还需要跨越地域和文化的鸿沟，对不同国家和地区的消费者习惯、喜好及需求有全面且细致的了解，例如，某些国家在颜色、图案和款式上可能有着独特的偏好；而另一些国家则可能更注重产品的实用性和耐用性，从而通过产品的设计、功能、品质等方面制定有针对性的产品策略。通过精准的产品定位、独特的设计、卓越的品质，以及有针对性的市场策略，企业可以在跨境电商的激烈竞争中脱颖而出，赢得更多消费者的关注和认可。

（二）价格

价格策略在跨境电商营销中发挥着至关重要的作用。合理的价格定位不仅关乎企业的盈利空间，更直接影响到消费者的购买决策。企业需要综合考虑产品定位、产品成本、市场需求、竞争状况、消费者对价格的敏感度以及支付能力等因素，制定科学、合理、具有竞争力的价格策略。在跨境电商市场中，企业还需要考虑跨境运输、关税、汇率等方面的成本。这些成本往往会增加产品的最终售价，影响消费者的购买决策。同时，通过采用灵活的定价手段，如折扣、优惠券等，企业可以刺激消费者的购买欲望，提高销售额。

（三）地点

在跨境电商的广阔天地中，地点一词实际上承载了更为深远的含义，它主要指的是企业在全球范围内进行销售时，对销售渠道的精准选择与布局。随着电子商务的快速发展，跨境电商企业拥有更多的销售渠道选择，如自建电商平台、入驻第三方平台等。然而，无论选择哪种销售渠道，企业都需要深入了解自身特点和市场需求，以便更好地触达目标消费者。例如，对于品牌知名度高、产品差异化明显的企业，自建电商平台可能更有利于塑造品牌形象和提升消费者忠诚度；而对于初创企业或产品同质化较严重的企业，则更适合选择入驻第三方平台，借助平台的流量和资源优势快速打开市场。同时，通过优化物流配送体系，提高产品的物流配送效率和服务质量，企业可以进一步提升消费者的购物体验，以赢得消费者的信任和支持。

（四）促销

促销手段是跨境电商营销中不可或缺的一环。有效的促销手段可以帮助企业提高品牌知名度，吸引潜在消费者，并促进销售增长。企业可以通过广告、社交媒体营销、内容营销等多种方式，向消费者传递产品信息和品牌价值。同时，企业可以结合国内外各种节假日、特殊活动等时机，例如在黑色星期五、双十一等购物狂欢节期间，开展有针对性的促销活动，进一步激发消费者的购买欲望和热情；或者可以通过组合销售、会员专享等方式，提高产品的附加值和消费者的购买体验，从而增加销售额和利润。此外，促销手段还可以帮助企业清理库存、提高资金周转率等。例如，在库存积压的情况下，企业可以通过打折促销等方式来清理库存，避免资金占用和浪费。

第三节　跨境电商的发展历程及现状研究

对于跨境电商的发展，要充分结合时代背景才能够有更加深入的认知。本节将围绕跨境电商的产生与发展、跨境电商存在的问题，以及跨境电商发展的趋势等方面进行研究。

一、跨境电商产生的时代机遇

随着社会发展到一定阶段，特别是社会经济文化的高度成熟，科学技术手段的不断提高，以及大众对物质生活需求的不断提升，这些综合因素共同促使了跨境电商应运而生。

（一）经贸全球化和互联网的发展

经贸全球化和互联网的普及使得商品和信息的跨国流通变得更加便捷，这两个因素是推动跨境电商产生的重要力量。

一方面，经贸全球化加速了国际贸易的发展，使得不同国家和地区之间的商品流通变得更加频繁和快捷。这为跨境电商的发展提供了广阔的市场空间，使得外贸企业可以较为轻易地接触到全球各地的消费者，有利于开拓国际市场。

另一方面，互联网的快速发展则为跨境电商提供了技术基础。通过互联网，外贸企业可以轻松地展示和宣传自己的产品，这打破了传统零售的地域限制，并与消费者进行实时沟通和交流，完成交易和支付等环节。这大大降低了跨境电商的运营成本，提高了交易效率，使得跨境电商成为一种高效、便捷的商业模式。

同时，经贸全球化和互联网的发展也催生了大量的跨境电子商务平台，如亚马逊、阿里巴巴等。这些平台为外贸企业提供了更广阔、更便利的销售渠道，使得他们可以更加高效地开展跨境电商业务。

（二）政府政策的大力支持

目前，许多国家和地区的政府都在积极推动跨境电商的发展，为跨境电商提供了一系列的优惠、保障和服务政策。首先，政府政策的支持可以为跨境电商创造良好的发展环境。例如，政府可以出台相关政策，简化跨境贸易流程，降低关税和增值税，为跨境电商提供税收优惠等，这些措施可以降低跨境电商的运营成本，增强其竞争优势。其次，政府可以通过建立和完善相关法律法规，保障消费者的权益和保护商家的合法权益，为跨境电商的发展提供法律保障。例如，政府可以制定相关法规，规范跨境电商的交易行为，保障消费者的隐私和数据安全，打击假冒伪劣商品等，这些措施可以增强消费者对跨境电商的信任度，促进其发展。再次，政府还可以通过提供公共服务支持跨境电商的发展。例如，政府可以建立公共服务平台，提供一站式服务，包括信息发布、交易撮合、物流配送、支付结算等，方便跨境电商和消费者使用。政府还可以提供培训和咨询服务，帮助企业提高跨境电商运营能力，提升其竞争力。下面以我国针对跨境电商发展所出台的两项政策为例。

1. 针对跨境零售出口的政策

2013 年 8 月，我国商务部、发展改革委等 9 部门出台了《关于实施支持跨境电商零售出口有关政策的意见》（以下简称《意见》）。《意见》中，第一次针对跨境零售出口出台了支持政策，将跨境电商零售出口纳入海关的出口贸易统计，提出了确定零售出口的新型海关监管模式及专项统计、检验监管模式、收结汇、支付服务、税收政策、信用体系等 6 项具体措施：

① 建立电子商务出口新型海关监管模式并进行专项统计，主要用以解决目前零售出口无法办理海关监管统计的问题。

② 建立电子商务出口检验监管模式，主要用以解决电子商务出口无法办理检验检疫的问题。

③ 支持企业正常收结汇，主要用以解决企业目前办理出口收汇存在困难的问题。

④ 鼓励银行机构和支付机构为跨境电商提供支付服务，主要用以解决支付服务配套环节比较薄弱的问题。

⑤ 实施适应电子商务出口的税收政策，主要用以解决电子商务出口企业无法办理出口退税的问题。

⑥ 建立电子商务出口信用体系，主要用以解决信用体系和市场秩序有

待改善的问题。

2. 针对跨境电商的通关便利化问题的政策

我国海关总署在 2014 年 7 月 23 日出台《关于跨境电商进出境货物、物品有关监管事宜的公告》。该公告对企业注册登记及备案管理、电子商务进出境货物通关管理、电子商务进出境货物物流监控等方面作出了规定，要求电子商务企业或个人通过经海关认可并且与海关联网的电子商务交易平台实现跨境交易进出境货物、物品的，按照公告接受海关监管。此外，海关总署于 2018 年进一步出台了《关于跨境电子商务零售进出口商品有关监管事宜的公告》。

此外，还有针对跨境电商支付问题的政策、针对当前保税进口新模式的政策、针对跨境电商零售进出口税收的政策、针对外贸综合服务模式的政策等。总之，政府政策的支持在促进跨境电商的发展中起到了关键的作用。政府部门还应紧跟时代潮流，与时俱进，继续制定相关政策和完善法律法规，进一步提供公共服务支持，以促进跨境电商的健康和可持续发展。

（三）供应链和物流技术的进步

供应链和物流技术的进步为跨境电商的发展提供了重要的支持和保障。两者促使跨境交易的成本大大降低，效率大幅度提升，所交易的商品能够更快速、更安全地送到消费者手中。

首先，全球化的供应链网络使得物流更加高效。跨境电商物流依赖于供应链管理系统和物流网络，通过航空、海运、陆运等多种运输方式，将商品从卖家国家运送到买家国家。这种高度发达的物流网络大大提升了物流时效，为跨境电商提供了快速可靠的运输服务。

其次，技术的进步为跨境电商物流提供了新的发展机会。自动化仓储、智能物流系统等技术的应用,使得商品的仓储和运输过程更加高效和精准。这不仅降低了跨境电商的运营成本,还提高了消费者的购物体验,进一步促进了跨境电商的发展。

此外,随着供应链和物流技术的不断创新和完善,跨境电商的运营效率和物流服务将进一步提升和优化。例如,通过大数据分析和预测,企业可以更加精准地预测市场需求动态,提前安排库存和运输,进一步提高运营效率,为全球消费者带来更加便捷和丰富的购物体验。

(四)消费者需求的多样化

随着经贸全球化和互联网的高度普及,消费者不仅在商品数量的需求上有所增长,并且对于商品自身的需求也越来越多样化,他们希望获得更多元化、更高品质的商品,而跨境电商正好可以满足这一消费需求。跨境电商平台上展示和提供了来自全球各地的商品,消费者可以通过这些平台了解、挑选以及购买到不同国家、不同文化背景等属性的商品,满足了他们的好奇心和购物欲望。

同时,消费者对于购物体验和服务的要求也越来越高。他们希望获得更加便捷、高效、个性化的服务,而跨境电商平台通过技术手段和大数据分析,可以更好地了解消费者的需求和偏好,提供更加精准的服务。例如,通过推荐算法,平台可以根据消费者的历史购买记录和浏览行为,为他们推荐更加符合其需求的商品,提高购物体验。因此,消费者需求的多样化也在很大程度上助推跨境电商的产生和发展,为跨境电商提供了广阔的市场空间和商业机会。

(五)支付体系的发展

支付体系的不断完善成为跨境电商发展的另一时代背景。消费者选择通过跨境电商平台购买海外商品，这就会涉及跨国支付和结算的问题。因此，完善的支付体系能够为跨境电商提供有利的支付环境，对于提高跨境电商交易的效率和安全性，降低交易成本，提升消费者购物体验等方面都具有重要意义。

在跨境电商支付方面，一些国家和地区已经建立了较为完善的支付体系，提供了多种支付方式，如信用卡、银行转账、第三方支付等。这些支付方式能够满足不同消费者的支付需求，提高支付的便捷性和安全性。同时，一些国际性支付平台也逐渐崛起，为跨境电商提供了更加全面的支付解决方案。

然而，跨境电商支付也面临着一些挑战。不同国家和地区的支付习惯和方式存在差异，支付体系的建设和完善程度也不同，这给跨境电商的跨国支付带来了一定的困难。同时，支付安全也是跨境电商需要面对的一个重要问题。一些不法分子可能会利用跨境电商交易中的漏洞进行欺诈和盗刷等行为，给消费者和商家带来经济损失。

因此，为促进跨境电商的健康发展，需要进一步完善支付体系。这包括加强国际的合作和交流，促进不同国家和地区之间的支付标准统一和互认；加强支付安全保障，提高支付的安全性和可靠性；加强消费者权益保护，建立跨境消费者投诉和维权机制；鼓励和支持更多的支付机构参与跨境电商支付服务，提高支付服务的竞争力和服务质量等。通过这些措施的实施，可以更好地满足跨境电商交易中的支付需求，促进跨境电商的健康和可持续发展。

二、跨境电商发展的几个阶段

目前，跨境电商发展历程可以简单地概括为萌芽期、起步期、爆发期、稳定期四个阶段。随着经济形势的发展，跨境电商也应及时做出调整，以应对竞争激烈的行业发展趋势。

（一）萌芽期（1999—2004 年）

这一阶段，传统跨境贸易开始借助互联网技术进行拓展，但此时网络技术尚不发达，跨境电商平台仅提供线上黄页服务，撮合交易双方，而交易流程依附传统贸易渠道在线下完成。由于互联网渗透率较低，客户群体以 B 端为主，且市场透明度较低，存在相对低效的现象。期间由于行业配套设施不完善，消费者体验较差，行业发展较为缓慢。

（二）起步期（2005—2013 年）

在数字化浪潮的推动下，B2C（商业对消费者）和 B2B（商业对企业）交易在这一阶段取得了显著的线上化进展。这一变革不仅体现在交易方式的革新上，更是对供应链服务的全面升级。随着支付、物流、外贸综合服务等供应链的各个环节逐步由平台提供，交易数据开始沉淀，为行业的精细化运营和智能决策提供了有力支撑。我国跨境电商行业在这一阶段的发展尤为引人注目。通过不断的技术创新和模式优化，行业逐渐实现了交易全流程的电子化。从产品展示、询盘、下单到支付、物流跟踪、售后服务，每一个环节都能够在平台上高效、便捷地完成。在跨境进出口方面，我国跨境电商行业正逐步向规范化、平台化方向发展。这一转变不仅有助于提升行业的整体形象和服务水平，也为中小企业提供了更多参与国际贸易的机会。其中，敦煌网的建立便是这一转变的标志性事件。作为我国第一个允许中小企业参加国际贸易的平台，敦煌网以其开放、包容、高效的特点，吸引了大量中小企业入驻，推动了我国跨境电商行业的快速发展。

（三）爆发期（2013—2017 年）

这一阶段，随着各国政府对于跨境电商行业的重视，一系列更加完善的政策和法规纷纷出台，旨在营造一个健康、有序的市场环境。与此同时，物流和支付等基础设施建设的不断加强，也为跨境电商的迅猛发展提供了强有力的支撑。在这样的背景下，跨境电商的渠道和品类迅速扩张，从最初的单一品类逐渐涵盖了服装、美妆、家居、电子产品等多个领域。同时，经营模式也开始出现分化，有的平台专注于品质与服务的提升，有的则更加注重价格优势，还有的平台则注重产品的差异化和自主研发，以满足不同消费者的需求。我国在此阶段也密集出台诸多跨境电商扶持政策，促进跨境电商进入爆发式成长时期。例如 2014 年 2 月，天猫国际上线；2014 年 6 月，聚美优品的海淘网站上线；2015 年 1 月，网易考拉上线；2015 年 4 月，京东国际上线。至此，我国最主要的跨境电商陆续出现，并呈现出井喷式发展势头，每个平台都有自身独特的优势，且实力雄厚，这使市场竞争极为激烈。此外，跨境电商的发展也带动了相关产业的繁荣，如物流、支付、广告等，形成了一个庞大的产业链。

（四）稳定期（2017 年至今）

这一阶段，随着上下游产业链基本趋于完整，相关法律法规的完善，跨境电商逐渐规范化。跨境电商从野蛮成长中走出，并愈发重视精品开发和品牌精细化运营。头部跨境电商的品牌认知逐渐成型，并形成一定程度的壁垒。2017 年开始，我国的跨境电商行业逐步进入整合发展期，例如阿里巴巴收购网易考拉；跨境进口平台集中度提升，并拥抱新零售，开启多家线下店；多家跨境出口平台接触资本市场寻求上市融资。跨境电商的市场规模日益扩大，成为推动中国外贸增长的新动能。

近几年，我国的电商巨头纷纷开启了出海战略，其中值得注意的是，2022 年拼多多海外版 TEMU 出海欧洲和北美市场，以其物美价廉的优势强势打开市场，获得不错的反响；从 2021 年 2 月至今，抖音已经陆续开通了印尼、英国、马来西亚、泰国、菲律宾、越南、新加坡、美国 8 个国家市场。据有关统计，目前抖音电商东南亚 GMV 已经超过 130 亿美金；2023 年速卖通在确保俄罗斯、西欧、美洲优势的基础上，加快向韩国、日本、中东等新兴市场布局。这些战略性调整或许将会开启我国跨境电商发展的新篇章。

三、跨境电商的发展现状

（一）跨境电商市场规模呈现出快速增长的态势

根据相关统计数据显示，2019 年全球跨境电商交易额达到了 4.2 万亿美元，预计到 2025 年将达到 6.5 万亿美元。跨境电商的发展已经成为全球贸易的重要趋势，为全球消费者提供了更多的商品选择和购物渠道，也为企业提供了更为广阔的市场空间。我国是全球最大的跨境电商市场，其交易额占全球的比例超过 30%。此外，美国、英国、德国、日本等国家也是重要的跨境电商市场。

（二）区域差异表现明显

虽然全球跨境电商行业整体呈现出高速发展的趋势，但是不同国家和地区之间的发展差异表现明显。发达国家和地区由于相对完善的法律体系、物流和支付系统等优势，其跨境电商行业发展较为成熟。而一些发展中国家则面临着基础设施和人才短缺等挑战，跨境电商的发展还存在一定的滞后。因此，未来的发展需要综合考虑各地区的特点和需求，寻求更加差异化的发展路径。

（三）跨境电商的发展带动物流和支付体系不断完善

跨境电商离不开高效快速的物流和安全便捷的支付体系。当前，许多物流企业和支付机构都加大力度推出专门针对跨境电商的服务。通过建立全球配送网络和提供全球化支付解决方案，实现从下单到配送的便捷流程。同时，物流企业和支付平台也不断引入高新技术，例如云计算、人工智能、大数据、区块链等，以提升效率和安全性。

（四）跨境电商品牌化趋势更加明显

全球电商的爆发式增长一度吸引大批商家入局，依托国内供应链优势和"性价比"打法抢占市场。随着经济不断发展和人均收入的提高，跨境电商必须考虑如何在制造优势之上，加强本地化和精细化运营，为品牌发展积累势能。总体变化趋势，就是市场需要依靠"品牌化"，来提高流量的转化效率，以及深度提升市场的服务体验。

（五）各国政府积极推动跨境电商的发展

为吸引更多的外国消费者和企业来本国消费和经营，许多国家都出台了一系列的政策和措施，包括降低关税、简化海关手续、提供跨境支付服务等，以促进跨境电子商务的发展。同时，许多国际组织也加强对跨境电商的监管和合作，进一步推动全球跨境电商的规范、健康发展。

（六）疫情促进跨境电商出口市场增温

新冠疫情在一定程度上促进了跨境电商出口市场的增温。这主要受以下几个方面的影响。

第一，新冠疫情期间，全球范围内的线下商业活动受到了一定程度的冲击，许多消费者转向线上消费，这为跨境电商提供了巨大的市场机遇。跨境电商平台通过提供便捷、安全的在线购物体验，吸引了大量消费者，推动了出口市场的增长。

第二，各国政府为了缓解疫情对经济的影响，纷纷出台了各种支持措施，包括为跨境电商提供税收优惠、降低物流成本等。这些政策措施降低了跨境电商的运营成本，提高了其竞争力，进一步促进了出口市场的增长。

第三，跨境电商平台也积极应对疫情带来的挑战，加强了供应链管理、物流配送等方面的能力，提高了服务质量和效率。这些举措增强了消费者对跨境电商的信任度，进一步推动了出口市场的增长。

四、跨境电商存在的问题

尽管近些年来跨境电商呈现出蓬勃的发展态势，但同时也面临着一些问题，这些问题制约着跨境电商的进一步发展。因此，须认真分析这些问题的成因，并积极寻求应对方法。这些问题主要包括以下几个方面。

（一）法律法规问题

跨境电商交易不仅要涉及不同国家和地区的法律法规，而且还会面临法律法规缺失和冲突的问题，尤其体现在跨境税收、支付、知识产权保护等方面，这些将给跨境电商带来一定的风险和不确定性。

1. 立法滞后且不健全

跨境电商作为一种新兴的商业模式，其发展速度较快，而相关法律法规的制定和实施往往滞后。这将导致在某些方面存在法律空白或不明确的情况，不利于跨境电商持续健康和规范发展。

2. 监管体系不完善

跨境电商交易涉及多个国家和地区，而该些国家和地区的监管体系和标准往往存在不一致的情况，这将导致监管难度大、效率低，容易引发纠纷和冲突。例如，跨境电商平台上的商品种类繁多，涉及的知识产权问题也多种多样，如商标、专利、著作权等，但由于不同国家和地区的法律体系和知识产权保护标准存在差异，从而使得知识产权的保护和管理面临很大的挑战。

3. 消费者权益保护不足

在一些国家和地区的法律法规中，由于对跨境电商中消费者权益的保护规定不够明确或完善，导致消费者权益保护面临诸多挑战，如信息披露不充分、售后服务难以保障、退换货难等问题。

4. 跨境争议解决机制不健全

跨境电商交易中产生的争议往往涉及不同国家和地区的法律、文化背景，解决难度较大。然而，目前跨境争议解决机制尚不健全，缺乏高效、公正的仲裁机构和法律服务机构，从而导致当事人难以快速、有效地解决争议。

（二）信息安全问题

跨境电商的开展涉及海量数据信息的传递流通，这在很大程度上存在信息安全和隐私泄露的风险，需要跨境电商不断加强网络信息安全防护。

1. 个人信息泄露风险

跨境电商交易中涉及大量个人信息，如姓名、地址、电话号码、电子邮件等。这些信息在传输和存储过程中可能面临被非法获取、窃取或滥用的风险，给消费者带来隐私和安全方面的隐患。

2. 交易安全风险

跨境电商交易涉及跨境支付、结算和货币转换等环节，存在一定的交易安全风险。例如，虚假交易、欺诈行为、信用卡盗刷等情况时有发生，对消费者和商家造成经济损失。

3. 数据安全风险

跨境电商涉及的数据包括交易数据、用户数据、支付数据等，这些数据在传输和存储过程中可能面临被非法访问、篡改或损坏的风险，影响数据的真实性和完整性。

4. 网络安全风险

跨境电商依托互联网进行交易，网络安全风险成为一大隐患。例如，网络黑客攻击、病毒入侵、钓鱼网站等，可能导致交易中断、系统崩溃或用户信息被盗用。

（三）信息不对等问题

跨境电商存在信息不对等问题，导致消费者无法获取有关商品交易的真实信息，增加了消费者的通过跨境电商开展贸易的难度。

1. 市场信息不对称

跨境电商涉及不同国家和地区的市场，市场信息不对称的情况较为普遍。这包括商品价格、质量、供需关系等方面的信息不对称，容易导致市场资源配置效率低下，消费者利益受损。

2. 商品信息不对称

跨境电商中商品信息不对称的问题也比较突出。由于商品描述、规格、质量等信息通常由卖家提供，而消费者难以直接了解商品的真实情况，容易导致购买决策失误或买到不合格商品。

3. 售后服务信息不对称

跨境电商中售后服务的信息不对称也是一个重要问题。由于售后服务体系在不同国家和地区的差异较大，消费者难以了解售后服务的内容、方式和流程，导致售后维权困难。

4. 语言和文化信息不对称

跨境电商交易中涉及不同国家和地区的语言和文化背景，语言和文化信息不对称的情况时有发生。这可能导致沟通障碍、误解和纠纷，影响交易的顺利进行。

（四）跨境物流问题

跨境电商的物流成本较高，运输时间较长，且存在一定的风险，如货物延误、损坏和丢失等问题，会影响消费者的满意度和购物体验。

为了解决跨境电商中的物流问题，可以采取以下措施：

1. 优化物流配送路线

跨境电商企业可以通过优化物流配送路线，缩短运输时间和降低运输成本。例如，采用多式联运、选择最优的运输方式等。

2. 加强物流信息追踪

跨境电商企业应该提供实时物流信息追踪服务，让客户了解货物的运输状态和预计送达时间，增加客户信任度。

3. 建立本地化物流服务

跨境电商企业可以在目标市场建立本地化物流服务，提高配送效率和服务质量，缩短配送时间，提高客户满意度。

4. 建立完善的退货换货体系

跨境电商企业应该建立完善的退货换货体系，提供便捷的退货换货服务，降低退货换货成本，提高客户满意度和忠诚度。

（五）售后服务问题

跨境电商的售后服务难以保证，退换货时间长、成本高，且存在语言障碍和时差等问题，影响消费者的购物体验。

1. 沟通障碍

跨境电商涉及不同国家和地区的语言和文化背景，售后服务中存在沟通障碍。消费者可能需要克服语言和文化差异，才能与卖家进行有效的沟通。

2. 物流难题

跨境电商的物流涉及跨国运输和海关清关等环节，操作复杂且耗时较长。在退换货过程中，物流难题可能导致售后服务时间延长，影响消费者的售后体验。

3. 售后服务体系不完善

跨境电商的售后服务体系在不同国家和地区存在差异，部分卖家可能缺乏完善的售后服务制度，导致售后服务质量难以保证。

4. 跨国法律差异

不同国家和地区的法律法规存在差异，跨境电商卖家可能需要遵守多个国家的售后服务规定。这可能导致卖家面临法律风险和合规挑战，影响售后服务的质量。

（六）支付问题

跨境电商的支付涉及外汇兑换、跨境支付等问题，流程较为复杂，且存在一定的风险和不确定性。

1. 支付安全问题

跨境电商的支付涉及多个国家和地区的支付系统、金融监管和法律法规体系，支付安全风险增加。消费者在支付过程中可能会遇到欺诈、盗刷、虚假交易等问题，影响支付安全和信任度。

2. 支付便捷性问题

由于跨境电商的交易语言、文化背景、金融体制等方面存在差异，消费者在支付过程中可能会遇到语言障碍、文化差异、支付方式不兼容等问题，导致支付不便捷和交易失败。同时，某些国家的支付系统可能不健全或存在支付障碍，也会导致企业无法及时收款。

3. 跨境支付成本问题

跨境电商的支付涉及跨境汇款和外汇兑换等环节,支付成本相对较高。同时,不同国家和地区的支付习惯和偏好也存在差异,导致支付成本和复杂性增加。

4. 跨境支付风险问题

跨境电商的支付涉及跨境税收、税务纠纷、信用风险等风险问题。企业需要关注目标市场的税收政策、税务规定和信用环境,以降低支付风险和税务纠纷。

(七)税收问题

跨境电商的税收征管难度较大,一些商家存在偷税漏税的行为,会影响国家的税收利益,在管理上存在一些现实问题。

(1)税收政策差异

跨境电商涉及多个国家和地区的税收政策,各国税收政策存在差异,导致跨境电商企业需要面临不同国家和地区的税收要求和税率差异。这会增加企业的税收成本和复杂性,需要企业进行税务管理和规划。

(2)税收征管风险

跨境电商的交易具有跨境性、匿名性和无纸化等特点,容易引发税收征管风险。一些不法商家可能会利用跨境电商渠道进行偷税漏税等违法行为,损害国家的税收利益。

(3)消费者税负问题

跨境电商的消费者需要承担进口税和增值税等税负,这些税负会影响消费者的购买意愿和购物体验。同时,不同国家和地区的税收政策存在差异，导致消费者在跨境购物时需要面临不同的税负和税务要求。

（八）其他问题

1. 文化差异问题

跨境电商需要面对不同国家和地区的文化差异，包括消费习惯、价值观、宗教信仰等。文化差异是跨境电商始终难以逾越的困难。文化差异的必然存在和根深蒂固的特点决定了跨境电商必须积极面对，必须进行市场调研和文化适应，以满足不同市场的需求。

（1）语言差异

不同国家和地区的消费者使用不同的语言，而跨境电商平台和商品描述需要被翻译成当地语言，以方便消费者理解和购买。否则，语言障碍可能导致消费者无法理解商品信息，从而影响销售。

（2）价值观差异

不同国家和地区的消费者有不同的价值观和信仰，这会影响他们的消费行为和偏好。例如，某些商品可能在某些国家非常受欢迎，而在其他国家却可能被视为不吉利或不道德。

（3）消费习惯差异

不同国家和地区的消费者有不同的消费习惯，例如支付方式、购买频率、产品偏好等。这些差异需要跨境电商企业进行市场调研，并提供适合当地消费者的服务和产品。

（4）文化审美差异

不同国家和地区的消费者对于美的认识和审美标准也有所不同，这会影响他们对产品的设计和风格的偏好。跨境电商企业需要了解目标市场的审美观念，并尽可能满足当地消费者的需求。

（5）宗教信仰差异

不同国家和地区的消费者可能信仰不同的宗教，而宗教信仰会影响他们的消费行为和偏好。例如，某些宗教可能有特定的饮食禁忌或规定，跨境电商企业需要尊重这些规定并避免触犯。

2. 人才问题

跨境电商需要具备国际化视野和跨文化沟通能力的人才，但目前市场上这类人才较为稀缺。

（1）人才短缺

跨境电商需要具备多种技能和知识的人才，包括语言能力、市场营销、国际贸易、电子商务等。然而，目前市场上跨境电商人才供给不足，导致企业难以招聘到合适的人才。

（2）人才流失

由于跨境电商行业的竞争激烈，企业的经营风险较高，加上一些企业的培训和发展机制不完善，导致人才的流失率较高。

（3）人才素质不足

一些跨境电商企业为了快速扩张，大量招聘新人，但由于缺乏系统的培训和指导，导致人才素质不足，影响了企业的运营和发展。

3. 全球经济多变性的挑战

（1）国际贸易政策变化

全球经济多变性导致国际贸易政策频繁变化，包括关税、非关税壁垒、自由贸易协定等。这些政策变化给跨境电商的运营带来不确定性，增加了企业的风险和运营成本。

（2）汇率波动

全球经济多变性导致汇率波动加剧，这会对跨境电商的利润和竞争力产生影响。此外，汇率波动还可能导致消费者购买力下降，降低市场需求。

（3）经济周期波动

全球经济多变性导致经济周期波动加剧，这会影响消费者的购买力和消费习惯。在经济衰退期，消费者的购买力下降，对跨境电商的需求可能会减少。

4. 世界各国贸易法变动带来的挑战

各国电商贸易法的变动给跨境电商带来了新的挑战，特别是近几年欧美国家着手规范电子商务平台并出台针对跨境电商的税收政策的情况下，这些新的法规和政策对跨境电商的经营活动、成本和合规性等方面产生了深远的影响。

首先，针对跨境电商的税收政策是各国电商贸易法变动的一个重要方面。在新的税收政策下，跨境电商需要按照目的地国家的税收法规进行缴税，这增加了企业的税务负担。同时，由于不同国家和地区的税收政策存在差异，跨境电商需要面对复杂的税务问题，以确保合规经营。这需要企业加强税务管理，提高税务合规意识，并建立完善的税务管理体系。

其次，各国对电商平台的规范也给跨境电商带来了挑战。这些规范可能涉及数据保护、消费者权益保护、知识产权保护等方面。跨境电商需要遵守这些规范，确保消费者数据安全、保护消费者权益、避免知识产权纠纷等。这需要企业加强内部管理和合规文化建设，增强法律意识和风险防范能力。

此外，新经济形势和电商制度的实施也对跨境电商提出了挑战。随着全球经济的波动和不确定性的增加，跨境电商需要灵活应对市场变化，调整经营策略。同时，电商制度的实施也可能对跨境电商的经营活动产生影响，企业需要密切关注相关法规和政策的变化，并及时调整自身的经营策略。

五、跨境电商发展的趋势

（一）海外仓本地化

跨境电商海外仓本地化趋势是当前跨境电商领域的一个重要发展方向。通过在目的地国家建立海外仓，跨境电商企业可以更好地满足当地消费者的需求，提高物流效率，降低成本，并为消费者提供更好的购物体验。

海外仓本地化趋势的出现，主要是由于跨境电商的快速发展和全球化进程的加速。随着电商市场的不断扩大和消费者需求的多样化，跨境电商企业需要不断提高物流效率和客户服务水平，以获得更多的市场份额。而海外仓作为跨境电商物流的重要环节，成为企业提高竞争力的关键因素之一。

海外仓本地化趋势的主要特点包括：

（1）靠近消费者

海外仓选址更靠近目标市场，能够更好地满足当地消费者的需求，提高物流效率，缩短配送时间，为消费者提供更加便捷的购物体验。

（2）库存管理优化

通过建立海外仓，跨境电商企业可以对库存进行更精细化的管理和调整，避免库存积压和浪费，降低库存成本。

（3）提高客户服务水平

海外仓可以提供更加完善的售后服务，包括退换货、维修等，提高客户满意度和忠诚度。

（4）拓展市场

通过建立海外仓，跨境电商企业可以更好地拓展海外市场，扩大销售规模，提高品牌知名度和竞争力。

总之，在海外仓本地化趋势的推动下，跨境电商企业需要采取一系列措施来适应市场需求和竞争环境的变化。这包括加强供应链管理、优化库存结构、提高物流配送效率、完善售后服务等。同时，还需要注重人才培养和团队建设，提高企业的综合实力和服务水平，以应对市场的不断变化和挑战。

（二）深度开发供应商

随着跨境电商的竞争越来越激烈，不断深挖供应商成为各家跨境电商谋求未来发展的必然趋势。

1. 供应商管理

供应商深度开发需要建立有效的供应商管理体系，包括供应商选择、供应商评价、供应商关系管理等方面。这需要企业具备完善的供应商管理流程和制度，以确保供应商的质量和可靠性。

2. 供应链协同

供应商深度开发需要实现供应链的协同，即供应商、生产商、物流配送等环节之间的信息共享和协作。这需要企业加强信息化建设，提高供应链的透明度和协同性。

3. 成本控制

供应商深度开发需要控制成本，包括采购成本、生产成本、物流成本等。企业需要加强成本核算和控制，制订合理的采购和生产计划，降低成本，提高效益。

4. 质量控制

供应商深度开发需要确保产品质量和安全性。企业需要建立完善的质量管理体系，对供应商提供的原材料和零部件进行质量检查和控制，确保产品质量符合要求。

5. 风险管理

供应商深度开发面临各种风险，如供应中断、价格波动、质量不稳定等。企业需要建立完善的风险管理体系，对可能出现的风险进行预测和控制，减少潜在的损失。

6. 持续改进

供应商深度开发需要持续改进和优化。企业需要关注供应链的效率和灵活性，不断改进和优化供应商管理流程、生产流程、物流配送等方面，提高整个供应链的竞争力和效益。

（三）提升服务质量以提升竞争力

客服质量的提升对于跨境电商来说至关重要，因为优质的客户服务可以增强客户的购买体验，提高客户满意度，进而增加销售额。以下是一些提升客服质量的方法。

1. 提供多渠道服务

跨境电商应提供多种客户沟通渠道，如电话、电子邮件、在线聊天等，以便客户选择最方便的渠道进行咨询。同时，提供实时翻译服务，以解决语言障碍。

2. 快速响应

客服团队应快速回复客户的咨询，并尽量缩短响应时间。可以设置自动回复功能，以便在客服繁忙时，客户可以先得到自动回复，减少等待时间。

3. 同理心

客服人员应具备同理心，能够站在客户的角度思考问题，理解客户的需求和困扰，并提供解决方案。这有助于提高客户满意度。

4. 专业知识和培训

客服人员需要具备专业知识，了解产品的特点、使用方法和常见问题等。此外，定期对客服人员进行培训，提高他们的沟通技巧和服务态度。

5. 建立客户服务标准

制定客户服务标准，明确客户服务的流程、语言和行为规范等，以便客服人员提供一致的服务。同时，设立服务质量检查机制，定期对客服人员进行评估和监督。

6. 持续改进

定期收集客户反馈，评估客服质量，找出存在的问题和不足之处。根据评估结果，制订改进计划，持续优化客户服务质量。

7. 建立客户忠诚计划

通过建立客户忠诚计划,提供积分、优惠券等奖励,鼓励客户再次购买。同时,可以建立会员体系,为会员提供专属优惠和服务。

8. 定期回访

在客户购买后,定期进行回访,了解客户的使用情况和对产品的满意度。对于不满意的客户,及时进行沟通和解决。

第二章
跨境电商运营管理

跨境电商运营管理是一个系统性的过程，它要求管理者需具备较为全面的专业知识和职业技能。因此，只有通过科学的管理方法和持续的学习更新，外贸企业才能够在竞争激烈的跨境电商市场中取得成功。本章将从跨境电商平台选择、跨境电商市场选品、跨境电商店铺管理与产品推广，以及跨境电商客户服务几个方面进行分析。

第一节　跨境电商平台选择与市场选品

一、跨境电商平台选择

进行跨境电商平台的选择主要根据两个要素来决定，一个是熟悉和了解当前最主流、目标市场明确的电商平台，另一个是明确自身的定位和需求。根据这两方面的条件，选择最适合的平台发展经营。

（一）了解跨境电商平台

在准备从事跨境电商之前，首先要全面了解跨境电商平台的种类和特点，然后根据自身的需要选择最合适的一个或者多个平台进行经营。一般地，跨境电商平台可分为国内跨境电子商务平台、欧美跨境电子商务平台、东南亚跨境电子商务平台三类。根据自身的市场定位和目标客户群体，可以简单地以此作为选择跨境电商平台的首要因素。

比如国内的跨境电商平台有阿里巴巴国际站、全球速卖通、考拉网购、京东国际等；欧美的跨境电商平台有亚马逊、Joom、Ebay、Wish 等；东南亚的跨境电商平台有 Lazada、Shopee 等。每个平台都有独特的优势和特点，很难以偏概全说谁比谁更好。例如，亚马逊和阿里巴巴国际站都只有公司才能入驻；Shopee 平台非常看重卖家的店铺经验；Wish 要交保证金；eBay 限额；全球速卖通有一个硬性指标，即必须有品牌才能入驻。另外，Shopee 和 Lazada 主要针对的是东南亚市场，而 Joom 则针对俄罗斯市场。总之，在正式开展跨境电商业务之前，要对当前最主要的、最有影响力的跨境电商平台进行必要的了解。

（二）明确自身的定位

入驻跨境电商平台作为外贸企业开拓海外市场的重要途径之一，在熟悉和了解跨境电商平台基本情况之后，外贸企业接下来要对自身的目标、条件和预期进行逐一分析。

1. 产品定位

首先，要明确自身的产品或服务的定位。这主要包括产品的目标市场和客户群体，确保产品或服务在目标市场和客户群体中具有吸引力和竞争力。其次，要确定产品和服务的竞争优势，根据待选的目标市场，确定产品或服务与竞争对手相比的优势。这可能涉及差异化定位，例如提供独特的功能、品质、价格策略或其他价值主张，以满足目标市场的特定需求。

基于上述分析，制定适合的产品定位策略，包括产品定位描述、品牌形象和独特卖点的确定。确保产品定位与目标市场的需求和期望相符合，并能有效地传达给潜在客户。

2. 资源与能力评估

评估现有的资源和能力，包括供应链、库存管理、物流配送、营销策略等。明确自身在跨境电商领域的优势和不足，以便更好地制订发展计划。以下是一些关键的资源与能力评估指标。

（1）供应链管理能力

评估自身在供应链管理方面的能力和资源，包括供应商选择、采购决策、库存管理、物流协调等方面的能力。

（2）物流配送能力

评估在物流配送方面的资源和能力。了解物流渠道、配送网络、运输能力以及物流合作伙伴等。高效、可靠的物流配送能力，是降低运输成本并提供良好客户体验的重要因素。

（3）营销与推广能力

评估营销与推广方面的资源和能力。了解自身营销策略、渠道、工具以及营销团队的能力。确保具备足够的营销与推广能力，以吸引潜在客户并提高品牌知名度。

（4）数据分析能力

评估数据分析方面的资源和能力。数据分析能力对电商的经营至关重要，通过及时准确的数据分析，能让经营者清楚地了解销售情况、盈利情况，以及对库存和备货有较为准确的把握。

（5）网站与技术能力

评估网站建设、电商平台运营和技术支持方面的资源和能力。了解自身网站功能、用户体验、技术解决方案，以及技术团队的能力。

（6）组织与团队能力

评估组织结构和团队能力。了解自身组织架构、岗位职责、人员素质，以及团队协作能力。

（7）资金与财务能力

评估资金状况和财务能力。了解自身预算计划、现金流管理、成本控制，以及财务报告等方面的能力。

3. 资金需求

跨境电商的开展需要一定的资金投入，一般包括产品成本、平台费用、广告推广费用、物流费用等。只有对自身的资金实力或者筹集资金的能力做出准确的预估，才能制订合理的预算计划，选择合适的平台进行经营，从而确保业务的顺利进行。

4. 品牌与营销策略

跨境电商的长期发展离不开对品牌的营销和管理，准确的品牌定位是取得市场成功的前提。因此，企业应尽早明确品牌定位，并制定营销策略，包括对目标客户、品牌传播渠道等的深入研究，确保品牌形象和营销策略与目标市场的文化和需求相符合。

5. 法律法规合规

跨境电商面对的消费者来自全球各地，因此所面临的法律法规问题也将非常复杂。只有具备强大的法律法规支持，才能保障企业持续、稳健的运营和发展。因此，企业要了解目标市场的法律法规要求、评估自身是否具备相关的法律知识和资源，或者是否有能力雇佣专业的法律顾问来确保业务合规运营。

6. 运营能力

需要根据自身的运营能力选择适宜的平台进行经营，也是跨境电商发展决策的重要环节。只有在合适的条件下，让企业自身优势得到最大的发挥，或者规避了自身的短板，也是运营能力的重要体现。如果团队具备较强的营销和运营能力，可以选择竞争较为激烈的平台；如果团队能力较弱，可以选择竞争较小的平台。

7. 风险评估与管理

开展跨境电商业务存在一定的风险，例如市场风险、汇率风险、物流风险等。因此，企业要评估业务开展可能面临的风险。通过风险评估，企业提前做好相应的预案，制定相应的风险管理措施，能够有效规避不必要的损失，在一定程度上降低跨境电商企业的经营风险，提升竞争力，从而在激烈的跨境贸易竞争中掌握有利局面。

8. 合作伙伴关系建立

寻找合适的合作伙伴，例如物流公司、支付平台、营销机构等，有助于提高跨境电商的业务效率和竞争力。因此，企业评估自身是否需要建立这样的合作关系，以及如何选择合适的合作伙伴都是至关重要的一步。

二、跨境电商市场选品

（一）了解目标市场

跨境电商经营者在选品时，了解目标市场是关键，或者说这是最核心的市场因素。了解消费者的需求、市场规模、市场偏好以及市场趋势，可以通过市场调研、竞品分析以及用户行为数据分析等方式进行。对于热门商品、紧俏商品或者畅销产品，价格可以相对较高。比如，2021 年欧洲经历能源危机期间，对于暖水瓶、电热毯、暖水袋等产品的需求激增，有些商家甚至被抢断货，这就是市场需求高于供给的情况。敏锐的跨境电商经营者会及时联系厂家或者货源，及时上架并发货，从而捕捉到这一波行情，获得丰厚的利润。

1. 市场定位

明确产品的市场定位是跨境电商成功的关键之一。市场定位是指企业根据目标市场的需求和竞争状况，确定产品在市场中的位置和形象，以便消费者能够将本企业的产品与其他企业的产品区分开来。通过明确市场定位，如高端市场、中端市场或低端市场，可以帮助企业更好地了解目标消费者的需求和偏好，从而设计和提供符合他们期望的产品和服务。企业可以确定自己与竞争对手的差异化点，形成独特的竞争优势，提高市场份额。另外，清晰的市场定位可以指导企业的营销策略，包括定价、促销、渠道选择等，确保营销活动与目标市场相匹配。

2. 市场规模

评估目标市场的总体规模和潜在容量，以确定产品是否有足够的空间在市场中发展，从而帮助跨境电商企业进行更精确的战略规划和市场定位。这包括决定进入哪些市场、如何定位产品和服务，以及如何分配资源和预算。通过评估市场规模，企业可以确保其战略决策与市场需求相匹配，从而提高市场渗透率和竞争力。同时，也可以促进企业识别潜在的市场风险，如市场饱和度、竞争激烈程度等。这些信息对于制定风险管理策略和决策至关重要。例如，如果市场规模较小且竞争激烈，企业可能需要考虑采用差异化策略或寻找新的市场机会。

3. 竞争情况

市场的竞争状况直接影响到企业的市场份额、定价策略、产品推广和销售策略等多个方面。企业要评估市场竞争程度，避免进入过于拥挤的市场。通过市场研究，可以确定主要的竞争对手，了解他们的市场份额、产品特点、定价策略、营销策略等，从而可以帮助企业发现市场的空白点或未被充分满足的需求，从而找到新的市场机会。另外，基于对竞争状况的了解，企业可以制定更有针对性的市场策略和更明智的选品策略，包括产品定位、定价策略、促销策略等。

4. 市场趋势

通过了解市场的发展趋势，企业可以预测消费者需求的变化，如产品偏好、购买习惯等。这有助于企业提前布局、调整产品组合、改变供应链管理、优化营销策略等，以满足未来市场的需求。同时，市场趋势分析也可以帮助企业发现新的市场增长点，并做出相应的业务调整。例如，随着消费者对环保和可持续性的关注度提高，跨境电商企业可以抓住这一趋势，推出符合环保标准的产品或服务，以满足市场需求并提升品牌形象。

5. 消费群体

明确消费群体是跨境电商业务中至关重要的一环。深入了解目标消费群体的期望和反馈，可以帮助企业制定更精准的市场策略，并通过优化产品和服务以满足消费者的需求，提高客户满意度和忠诚度。一方面，通过了解消费群体的特征（包括年龄、性别、收入、生活方式等）、偏好和需求等，企业可以制定更精准的营销策略，将资源集中在最有可能产生回报的目标市场上。另一方面，当跨境电商掌握了消费者的需求和痛点，可以为产品设计和开发提供指导，使企业能够开发出更符合市场需求的产品。

6. 竞品分析

（1）选择竞品

选择与企业自身产品或服务相近的竞品，以便更好地进行比较和分析。该环节可以选择直接竞品、间接竞品或替代品等。

（2）收集数据

可以通过市场调研、公开资料、用户反馈等渠道收集竞品的相关数据，包括产品功能、用户规模、市场份额、销售额等。

（3）数据分析

对收集到的数据进行比较和分析，了解竞品的优势和劣势。该环节可以从产品功能、用户体验、价格策略、营销策略等方面进行分析，并与企业自身的产品或服务进行对比。

（4）制定优化方案

根据竞品分析的结果，制定企业自身的产品或服务的优化方案。该环节可以借鉴竞品的优点，改进自己的不足之处，并加强自己的优势。

（5）实施优化方案

将优化方案付诸实践，改进企业自身的产品或服务。该环节可以采取迭代开发的方式，逐步完善产品或服务，提高用户体验和竞争力。

（6）持续监测与反馈

对改进后的产品或服务进行持续监测，及时收集用户反馈和市场竞争数据，以便进一步的竞品分析和优化。

（二）了解供应链资源

在选品时，供应链资源至关重要。因为供应链的稳定性和效率直接影响跨境电商经营者的运营管理和销售情况。

1. 供应商的地理位置

供应商的地理位置决定了产品从供应商到最终消费者的运输距离和运输方式。一方面，选择地理位置靠近目标市场的供应商，可以降低物流成本和运输时间，提高运输效率。例如，较近的供应商便于进行实地考察和质量控制，确保产品符合质量标准。较远的供应商合作可能会面临时区差异的问题，这可能会影响到沟通和协作效率。另一方面，跨境电商企业与地理位置稳定的供应商合作，有助于减少供应链中断的风险。此外，在自然灾害、政治动荡等不可预测事件发生时，地理位置分散的供应商可以提供一定的缓冲。

2. 供应商的资质和信誉

供应商的资质和信誉通常与其生产能力和质量管理水平密切相关。对供应商进行资质审核和信誉评估，确保供应商具备生产所需产品的资质和经验，能够按时交付高质量的产品。一方面，具有良好资质和信誉的供应商往往能够提供高质量的产品，降低产品缺陷和退货率。另一方面，与具有良好资质和信誉的供应商合作，有助于确保供应链的稳定性。这些供应商通常具有稳定的生产能力和可靠的交货期，减少供应链中断的风险。此外，与具有良好资质和信誉的供应商合作，还有助于提升企业的声誉和品牌形象，从而吸引更多的客户，增加市场份额。

3. 产品成本和质量控制

一方面，企业与供应商进行谈判，确保产品成本控制在合理范围内，并要求所提供的产品质量要符合预期标准。同时，企业自身也要建立严格的质量管理体系，对产品进行质量检查和抽检。另一方面，有效的产品成本控制可以提高企业的盈利能力。企业与可靠的供应商建立长期合作关系，确保原材料和零部件的稳定供应，并降低采购成本。通过降低成本，企业在定价上更具竞争力，从而吸引更多消费者，提高市场份额和增加利润空间。

4. 物流渠道和清关能力

物流渠道和清关能力是跨境电商业务中至关重要的两个环节，它们直接关系到产品的运输效率、成本和消费者的购物体验。选择具备强大物流渠道和清关能力的供应商，能够保证产品的快速、安全运输，降低物流风险。一方面，企业与可靠的物流合作伙伴建立长期合作关系，确保物流服务的稳定性和可靠性。高效、稳定的物流渠道可以确保产品快速、准确地送达消费者手中，提高客户满意度。企业可根据产品特性、目标市场和消费者需求，选择多样化的物流渠道，包括国际快递、空运、海运等。不同的物流渠道具有不同的成本结构，选择合适的物流渠道可以帮助企业控制运输成本，提高盈利能力。另一方面，建立专业的清关团队或委托专业的清关代理，提前了解目标市场的进口法规、税率等信息，为清关做好充分准备；同时与海关保持良好沟通，及时了解清关政策和要求，确保货物快速、准确地完成清关手续。

5. 库存管理能力

库存管理能力在跨境电商业务中同样扮演着至关重要的角色。高效的库存管理可以确保企业资金的快速流转，避免资金积压和浪费；合理的库存管理可以减少订单处理时间、提高发货速度，从而提升企业的运营效率和市场竞争力；库存充足可以确保订单及时履行，避免因缺货导致的客户投诉和满意度下降；良好的库存管理可以帮助企业应对市场需求波动和供应链风险，降低库存积压和滞销风险。

跨境电商经营者应运用数据分析工具，对历史销售数据、市场趋势和消费者行为进行分析，以预测未来需求，从而制订合理的库存计划。同时，建立实时库存监控系统，确保库存数据准确无误，及时发现库存异常并采取措施进行调整。此外，还要根据市场需求和产品特性，合理调整库存结构，确保库存周转率和利用率的最大化。

6. 语言和文化适应性

在跨境电商业务中，语言和文化适应性占据着非常重要的位置。语言和文化差异不仅会影响企业与消费者之间的沟通，还会影响产品的市场接受度和品牌形象。使用目标市场的语言进行沟通和营销，可以提高企业与消费者之间的沟通效率，减少误解和沟通障碍，有助于提高客户满意度。同时，产品和营销内容符合目标市场的文化习惯和价值观，可以增加产品的市场接受度，提高销售额。

7. 知识产权和合规性

一方面，知识产权有助于确保企业的技术和创意不被他人非法使用或抄袭。拥有强大的知识产权可以增强企业在市场上的竞争力，因为这些资产可以转化为独特的产品或服务，吸引消费者。另一方面，企业要对供应商进行知识产权审核，确保其提供的产品不侵犯任何知识产权，符合相关国家和地区的法律法规要求，避免侵权风险。此外，企业也应定期为员工提供知识产权培训，确保他们了解并遵守相关的法律法规。

合规性意味着企业必须遵守目标市场所在国家和地区的所有法律法规，包括税收、进出口、消费者保护等。合规性有助于降低企业在运营过程中面临的各种风险，如法律纠纷、罚款、声誉损失等。对此，企业在进入新市场前，应充分了解并遵守当地的法律法规，也可以与当地的专业机构（如律师事务所、会计师事务所等）合作，确保企业在运营过程中始终遵循相关法律法规。

与此同时，跨境电商企业与供应商建立长期、稳定的合作关系，还要合理规划采购周期和交货时间，确保产品能够及时供应，满足目标市场的销售需求。

（三）影响选品的几个因素

为确保产品质量可靠，不会引发退货或投诉；并且能够保障产品的口碑，获得更多的回头客。跨境电商企业在进行选品时应重点考虑以下因素。

1. 产品功能

（1）产品功能匹配度

企业要评估产品的功能是否符合目标市场的需求，以及是否能够满足消费者的期望。选择与市场需求匹配度高的产品，能够提高销售量和客户满意度。

（2）产品性能和品质

企业要评估产品的性能和品质，包括产品的耐用性、可靠性、安全性等方面。选择性能优良、品质可靠的产品，能够提高消费者的信任度和重复购买率。

（3）用户体验和易用性

企业要评估产品的用户体验和易用性，包括产品的操作便捷性、界面友好性等方面。良好的用户体验能够提升消费者的满意度和忠诚度。

（4）产品创新和差异化

企业选择具有创新功能或差异化功能的产品，能够满足消费者对于新奇和个性化的需求，增加产品的竞争力。

2. 安全因素

（1）了解产品标准和法规

企业在选择产品时，首先要了解目标市场的相关标准和法规，以确保所售产品符合当地的法律要求和安全标准。

（2）阅读用户评价和反馈

企业要及时查看消费者对产品的评价和反馈，特别是关于产品安全性能的反馈，以了解产品的安全性能。

（3）了解产品认证

如果可能的话，企业一定要选择已经通过相关认证的产品。认证过程通常由独立机构进行，以确保产品的安全性和符合标准。

3. 价格因素

跨境电商企业通常根据成本、竞争对手的价格和市场接受度来制定具有竞争力和合理性的价格，其中应考虑以下几个重要因素。

（1）采购成本

① 成本构成

采购成本主要由商品成本、关税和增值税等组成。其中，商品成本是主要的成本项，包括商品本身的成本以及支付给供应商的其他费用，如包装费、运输费等。

② 成本影响因素

采购成本受到多种因素的影响，包括供应商的选择、采购数量、商品特性、运输方式和货币汇率等。

③ 供应商选择

选择具有良好信誉和稳定质量的供应商是非常重要的。这不仅可以保证商品的品质，还可以降低因质量问题导致的退货和投诉风险，从而降低运营成本。

④ 采购数量

采购数量对成本有直接影响。大量采购通常能够获得更优惠的价格，但同时也需要承担库存压力和可能的滞销风险。

⑤ 商品特性

不同商品具有不同的生产成本和供应链情况，这也影响了采购成本。例如，一些高价值的商品可能需要更高的保险费用和更严格的物流安排。

⑥ 谈判和议价

与供应商进行有效的谈判和议价也是降低采购成本的重要手段。通过谈判，跨境电商可以争取到更好的价格、付款条件和其他优惠条件。

⑦ 供应链管理

优化供应链管理也是降低采购成本的关键。这包括建立长期合作关系、提高采购效率、减少中间环节等措施。

（2）运输成本

运输成本的高低将在很高程度上影响产品的最终售价和整个供应链的效率。跨境电商经营者要注重控制运输成本，以增强自身的价格竞争优势。

① 运输方式

不同的运输方式（如空运、海运、陆运）有不同的成本结构。空运虽然快，但成本高；海运和陆运相对便宜，但运输时间较长。选择哪种运输方式取决于产品特性、客户需求和运输预算。

② 运输距离和重量

运输成本通常与运输距离和货物的重量成正比。因此，长距离运输和大件物品通常需要更高的运费。

③ 特殊要求

如果货物需要特殊的包装、保险或处理，如易碎品、危险品或超大件物品，这些特殊要求可能会增加运输成本。

④ 目的地

货物的目的地也是影响运输成本的重要因素。偏远地区或特定国家的运费可能更高，因为这些地区的配送难度和风险更人。

⑤ 运输服务商

选择有良好声誉和可靠服务的运输服务商可以确保货物安全、准时到达，但通常这样的服务商收费也相对较高。

⑥ 清关手续

跨境电商涉及进出口，清关手续也是影响运输成本的因素之一。烦琐的清关手续可能会延长运输时间并增加额外的费用。

⑦ 可持续性和环保

随着可持续性和环保意识的提高，一些公司开始关注运输过程中的碳排放和其他环境影响。这些公司可能会选择更环保、更可持续的运输方式来降低其碳足迹。

⑧ 预测和计划

通过精确的预测和计划，公司可以更好地安排运输，从而降低成本。例如，通过预测销售量，公司可以合理安排库存和运输计划，避免不必要的仓储和配送成本。

⑨ 信息技术和数字化

利用先进的信息技术和数字化解决方案，如物流管理系统（LMS）和自动化技术，可以提高运输效率并降低成本。

⑩ 与供应商合作

与供应商建立紧密的合作关系，确保货源的稳定性和运输的可靠性，有助于降低运输成本和风险。

（3）产品质量和品牌

知名的品牌、优质的产品因为其在成本、营销等环节的投入高，因此，价格也相应要高于普通产品。但是，高品质的产品不仅能够提供多种使用功能，还能够给消费者带来价值感，创造良好的生活体验，这些都是质量和品牌带来的效用。制定合理的售价是商家成功经营的重要因素。

（4）目标市场和客户群体

针对不同的市场和客户群体，应该销售不同价位的产品，或者说是销售不同档次的产品。比如同品类的产品，如果是销往欧美等经济发达国家，可适当选择质量优、造价高的产品；如果销往东南亚或非洲等经济欠发达国家和地区，可适当选择价格适中、工艺和质量都合理的产品。另外，不同的国家有不同的购买习惯和消费需求，因此应综合考虑这些因素，即制定价格策略时既要考虑他们的购买能力和接受度，又要考虑他们的消费价值观和消费习惯。

（5）营销和推广成本

跨境电商需要进行市场推广和品牌宣传，这些成本也需要考虑在价格策略中。比如，跨境电商经常会利用社交媒体、广告、博客等渠道进行宣传推广，从而提高产品的知名度和吸引力。而无论采用哪种方式，都会带来一定的成本，在制定产品价格时，这些支出也应该计算在内。

4. 运输因素

评估产品的可运输性是跨境电商市场选品的重要步骤，因为它们直接影响到产品的销售和客户满意度。首先，产品的尺寸与重量，是否适合常见的物流渠道和运输方式。其次，产品需要何种程度的保护和包装，才能确保在运输过程中不受损坏。再次，某些材料或产品特性可能受到运输限制，因此，应提前了解各个国家对进出口货物的法律规定。最后，不同的包装和运输方式会影响成本，需要确保运输成本与产品价值相匹配。

总之，产品的可运输性是选品环节的"硬性"指标，可运输性是保证商品能够顺利发往海外各国消费者手中的基本条件。

5. 外观因素

产品的外观将直接影响消费者的购买决策，因此，跨境电商对产品外观的评估不容忽视。

（1）考虑目标市场的审美偏好

了解目标市场的文化、风俗和审美偏好，以便选择符合当地消费者喜好的产品外观。

（2）预估产品的颜色搭配和图案设计

注意产品的颜色搭配是否协调、醒目，图案设计是否具有吸引力和独特性。

（3）比较竞品外观

对竞争对手的产品进行外观比较，了解同类产品的设计特点和优缺点，以便选择更具竞争力的产品。

（4）检查产品的细节设计

注意产品的细节设计，如边角处理、线条流畅度、按键和接口的布局等，以确保产品整体的美观度和精致感。

第二节　跨境电商店铺管理与产品推广

一、店铺注册

（一）亚马逊的店铺注册

1. 注册准备

卖家注册亚马逊需要提供一个本人使用的邮箱、一张双币信用卡和一部手机。目前，亚马逊支持个人和企业两种开店形式。

2. 注册步骤

下面以北美站点为例来讲解如何注册亚马逊店铺。注册亚马逊卖家需要提供以下资料：

① 电子邮箱地址。

② 个人或者公司的名称、地址、联系方式。

③ 可以支付美元的双币信用卡（Visa、MasterCard 等）。

④　在注册期间可以联系到的电话号码。

亚马逊北美站点开店注册流程如下。

第一步：登录亚马逊官方网站 www.amazon.com 注册，选择北美站点进行注册。需要注意的是，注册过程中所有信息应使用拼音或者英文填写。

第二步：创建用户，按要求输入邮件地址。

第三步：填写账户姓名、邮箱地址，创建用户密码。

第四步：无论是公司用户还是个人用户，均使用英文或拼音填写注册名称。选择同意相关协议。

第五步：使用拼音或英文继续输入卖家信息。

第六步：输入信用卡信息。

第七步：验证电话号码，可使用听取电话或者接收短信获取验证码。点击"立即与我联系"，会接到一个系统打来的电话，然后电脑会显示 4 位数字，接起电话把 4 位数字输入进去，按#键结束，即可完成验证。

第八步：进行税务审核。

美国纳税审核是一个自助的审核过程，它将指导卖家输入身份信息确认卖家的账户是否需要缴纳美国相关税费。大部分身份信息会从卖家之前填写的信息中提取出来预先填入，为了尽可能高效地满足美国税务部门的要求，请在审核过程中确保回答所有问题并输入所需的所有信息。中国卖家也必须完成此审核流程才可完成注册流程。

①　首先开始税务身份验证。

②　点击"上线审核向导"开始税务审查。

③　确认公司或个人非美国身份。

④　选择受益人性质——公司或个人。

⑤　此处请确认 Part 1 部分有关账户受益人的信息准确。如果任何字段有误，请返回上一页并更新卖家的信息。如信息经检查后无误，请点击"保

存并继续"。

⑥ 进入"税务信息调查",选择"同意提供电子签名",然后提交,再根据要求填写信息,完成后提交。

(二)速卖通注册流程

在速卖通注册开店的流程非常简单,用户只需要提供一个本人使用的邮箱、一个实名认证的支付宝账号、一部手机,以及相关证件资料,即可轻松完成速卖通账户的注册。目前,速卖通只接受企业用户的注册。注册速卖通账户需要遵守平台的相关规则,具体有以下四点:

① 用户注册使用的邮箱必须是注册人本人的邮箱。

② 除非速卖通事先同意,只有内地卖家才可以在速卖通注册卖家账户。

③ 若卖家已通过认证,不论速卖通账号状态开通与否,个人身份信息不得取消绑定。

④ 中国供应商付费会员若在阿里巴巴平台因严重违规被关闭账户,则全球速卖通平台的相关服务或产品也将同时停止使用。

在卖家有淘宝账号的情况下,可直接跳转到速卖通平台。登录到淘宝后台,在栏目中点击"卖往海外"就会跳转到速卖通注册开店的页面。如果卖家没有淘宝账号,可以直接登录速卖通官网(https://sell.aliexpress.com)注册,这个操作需要是不曾注册过淘宝的邮箱才可以;然后登录邮箱验证,验证成功就会进入填写账户信息的页面,详细地录入个人信息,这里需要一个英文名,同时要填写正确的手机号;填写手机上收到的验证码后,单击"确定"即可完成注册。

卖家成功注册账户后,接下来就是在速卖通开店。首先卖家需要绑定支付宝账号,登录已通过实名认证的支付宝账号,通过实名认证后,就可以单击页面中"前往我的速卖通"按钮，正式开启速卖通之旅。

二、发布产品

（一）文案

跨境电商的店铺文案策划非常重要，它涉及产品描述、广告宣传、社交媒体推广等多个方面。通过有效的文案策划，可以提高店铺的吸引力、销售额和客户忠诚度。

1. 产品描述

产品描述是文案策划中的基础部分，它需要简洁、准确、有吸引力地描述产品。重点突出产品的特点、优势、用途和价值，以便吸引潜在客户的注意力。

2. 广告宣传

广告宣传是文案策划中的重要环节，需要通过创意、引人入胜的广告语和视觉元素来吸引客户。广告内容需要突出产品特点，同时强调品牌形象和价值观。

3. 社交媒体推广

在社交媒体平台上进行推广是跨境电商的重要渠道之一。需要制订有吸引力的社交媒体内容计划，包括撰写有趣、有价值的内容，发布相关的图片和视频等。

4. 品牌故事

通过讲述品牌故事来建立品牌形象和忠诚度。品牌故事可以是关于产品的起源、创始人的经历、品牌的愿景等，以情感化的方式吸引客户。

5. SEO 优化

搜索引擎优化（SEO）是提高店铺在搜索引擎中的排名的重要方式。需要优化产品标题、描述和关键词等，以便搜索引擎更好地理解和索引店铺内容。

6. 语言和文化适应性

跨境电商涉及不同国家和地区的语言和文化差异。文案策划需要考虑目标市场的语言和文化特点，以确保信息的准确传达和客户的良好体验。

7. 法律合规性

跨境电商需要遵守相关国家和地区的法律法规，包括商品安全规定、广告法等。文案策划需要确保遵守相关法律法规，避免误导或违规行为。

（二）设计及图片选择

1. 店铺风格与品牌形象

保持店铺风格的一致性，以传达品牌形象和价值观。设计元素需要与品牌形象相符合，包括色彩搭配、字体选择、图标和图形等。

2. 产品图片

产品图片是店铺设计中最重要的元素之一。需要拍摄高质量的产品图片，清晰展示产品的细节、颜色和尺寸。可以使用场景拍摄、模特拍摄等多种方式来增加产品的吸引力和展示效果。

3. 图片优化

对图片进行优化处理可以提高图片的加载速度和显示效果。这包括压缩图片、调整图片大小、裁剪和调整亮度和对比度等。

4. 图片编辑与美化

使用图片编辑软件对图片进行美化处理，包括调整色彩平衡、添加边框和特效、去除背景等。这可以提高产品的吸引力和视觉效果。

5. 图文结合

在产品描述和详情页面中，将文字与图片相结合，以提供更丰富的信息。使用适当的标题、副标题和段落格式，将文字与图片合理地组织在一起，提高信息的可读性和易理解性。

6. 响应式设计

响应式设计是一种使网站在各种设备和屏幕尺寸上都能良好显示的设计方法。跨境电商店铺需要采用响应式设计，以确保在不同设备和浏览器上都能提供良好的用户体验。

7. 色彩搭配

色彩搭配对于店铺设计和视觉效果至关重要。选择与品牌形象相符的颜色，并合理运用色彩对比和搭配，以增强视觉冲击力和吸引力。

8. 排版与布局

排版与布局对于信息的传递和用户体验至关重要。合理安排文字和图片的布局，保持版面整洁、易读，以提高用户的阅读体验和信息获取效率。

（三）发布

做好图文设计后，就可以发布产品了。每个平台的发布流程都不尽相同，但是越是成熟的大型跨境电商平台，其操作越是简单，只要根据页面提示和要求，一步一步操作即可。

三、产品推广

（一）使用搜索引擎推广产品

1. 搜索引擎优化（SEO）

通过优化网站的结构和内容，提高网站在搜索引擎中的排名，从而吸引更多的潜在客户。SEO 的关键在于选择合适的关键词和运用相关的 SEO 技术，如元标签优化、内部链接结构等。

2. 搜索引擎广告投放

通过在搜索引擎上购买关键词广告，在搜索结果页面展示相关广告内容，吸引潜在客户点击并进入网站。广告投放的关键在于选择精准的关键词和创意的设计，以及合理地设定广告预算和出价。

3. 关键词研究

深入了解目标市场的搜索习惯和趋势，通过关键词工具分析关键词的搜索量、竞争程度等，从而选择有潜力的关键词进行优化和广告投放。

4. 内容营销

创建高质量、有价值的内容，以吸引潜在客户的关注和信任。内容可以包括博客文章、产品指南、行业资讯等，通过分享有价值的内容，提高网站的权威性和用户黏性。

5. 视频营销

通过创建有趣、有用的视频内容，吸引潜在客户的关注和观看。可以将产品演示、用户评价、教程等制作成视频，通过视频分享平台（如YouTube）进行推广。

6. 移动营销

利用移动设备的普及和用户黏性，通过移动应用、短信、推送通知等方式与潜在客户进行互动和推广。

7. 联盟营销

与相关网站或合作伙伴建立联盟关系，通过共享资源、互相推广来扩大品牌知名度和销售量。

8. 数据分析与优化

通过数据分析工具对搜索引擎营销的效果进行跟踪和分析，了解用户的搜索行为和需求，优化关键词策略和广告投放计划。

（二）使用 SNS 推广产品

SNS，全称 Social Networking Services，即社会性网络服务。传统营销是销售导向的，现代营销则倾向于关系导向，强调与消费者的互动，国际知名的 SNS 社交平台有 Facebook、Twitter、Pinterest、Instagram 等。

1. 评估当前 SNS 营销现状

首先，需要评估当前在社交媒体上的投入时间和资源。了解在哪些社交媒体平台上拥有更多的目标客户，以及这些平台上用户活跃的时间和内容类型。这样可以更有针对性地制订营销计划。

2. 制定 SNS 营销目标

明确营销目标，例如提高品牌知名度、吸引潜在客户、促进产品销售等。这将有助于制订更具体的营销计划和后续的评估工作。

3. 选择适合的社交媒体平台

针对目标客户的特点和需求，选择适合的社交媒体平台进行营销。例如，如果目标客户主要是年轻人，那么 Instagram 和 TikTok 可能是更好的选择；如果目标客户更注重专业性和深度内容，那么 LinkedIn 可能更合适。

4. 制定内容规划和编辑日程表

制定内容规划和编辑日程表，确保在社交媒体上发布的内容质量和数量都符合营销目标。内容可以包括有趣的故事、产品图片、视频等，以吸引用户的关注和互动。

5. 提高企业品牌社交媒体表现力

针对不同的社交媒体平台，优化企业品牌的展示方式，提高品牌的可见度和吸引力。例如，可以设计独特的头像、背景、简介等，以及发布与品牌相关的有趣内容。

6. 互动创意营销策略

通过互动创意营销策略，与潜在客户建立紧密的联系。例如，可以通过举办线上活动、问答互动、赠品促销等方式吸引用户的参与和分享，提高品牌知名度和用户黏性。

7. 运用社交媒体广告投放工具

利用社交媒体平台的广告投放工具，如 Facebook 广告、Instagram 广告等，精准定位目标客户，提高广告的曝光率和转化率。

8. 评估 SNS 营销效果

定期评估 SNS 营销的效果，了解营销活动的投资回报率（ROI）。可以通过分析数据、跟踪用户互动和销售量等方式来评估营销效果，并根据评估结果调整和优化营销策略。

四、建立本地化团队

建立本地化团队对于跨境电商从业者来说至关重要。因为对店铺的管理不仅涉及线上的内容维护、管理和与客户沟通等工作，还需要与线下的其余环节进行紧密的结合，特别是对目标市场的足够熟悉和了解都将大大有助于进行跨境电商平台的店铺管理。本地化团队能够更好地理解和满足当地市场的需求，提高产品或服务在当地的竞争力。

（一）招聘本地人才

招聘本地人才是建立本地化团队的关键环节，这有助于更好地了解目标市场、提升客户体验，并增强品牌在当地市场的竞争力。以下是一些招聘本地人才的内容要点。

1. 明确岗位需求和职责

根据店铺的业务需求和战略规划，明确需要招聘的岗位类型和数量，以及每个岗位的具体职责和要求。

2. 制订招聘计划

根据岗位的特定需求和核心职责，制订详细的招聘计划，包括招聘时间、渠道、流程等。

3. 本地化招聘渠道

利用当地的招聘网站、社交媒体、人才市场等渠道发布招聘信息，吸引本地人才。同时，也可以考虑与当地的高校、职业培训机构等合作，寻找合适的实习生或毕业生。

4. 筛选简历和面试

根据应聘者的简历进行筛选，选出符合要求的候选人进行面试。在面试过程中，要注重考察应聘者的专业能力、语言沟通能力、团队协作能力等方面。

5. 提供有竞争力的薪资待遇和福利

为更加深入地吸引并长期留住本地人才，不仅需要提供具有市场竞争力的薪资待遇，还应当提供一系列全面的福利保障，如健康保险、年假、培训机会等。

6. 文化和价值观匹配

除了专业技能和经验外，还需要考虑应聘者的文化和价值观是否与店铺理念相匹配。这有助于确保团队成员之间的和谐共处和高效协作，从而共同推动店铺的稳健发展。

（二）培训和发展

在跨境电商店铺管理过程中，建立本地化团队并对其进行培训和发展是至关重要的环节。这不仅可以提升团队的专业能力和效率，还能够增强团队的凝聚力和向心力，为店铺的长期发展奠定坚实的基础。

1. 培训环节

（1）基础技能培训

包括跨境电商平台的操作、产品知识、市场分析等基本技能。这些技能是团队成员开展工作的基础，必须熟练掌握。

（2）语言和文化培训

针对目标市场的语言和文化特点，进行专门的培训。这有助于团队成员更好地理解和适应市场需求，提升客户服务的质量和效率。

（3）客户服务技巧培训

培训团队成员掌握良好的客户服务技巧，包括沟通技巧、解决问题的能力、情绪管理等。这可以提升客户满意度，增强店铺的口碑。

（4）团队协作和沟通培训

通过团队建设活动和沟通训练，提升团队成员之间的协作能力和沟通效率。这有助于形成高效、和谐的工作氛围。

2. 发展环节

（1）职业规划与发展路径

跨境电商的未来有巨大的发展空间，因此对团队成员的职业规划和发展路径提供清晰的规划和指导将具有积极意义，让他们明确自己的职业发展方向和目标。这有助于激发团队成员的积极性和进取心。

（2）晋升机制与激励机制

建立公正、透明的晋升机制和激励机制，让优秀的团队成员能够得到应有的认可和奖励。这可以激发团队成员的潜能，促进团队的整体发展。这也是保证店铺运营稳中求进的有利因素。

（3）提供学习和成长机会

鼓励团队成员参加行业培训、研讨会等活动，不断提升自己的专业素养和综合能力。同时，店铺也可以定期组织内部培训，分享行业最新动态和成功经验。

（4）团队文化建设

通过强化团队文化建设，提升团队成员的归属感和凝聚力。这有助于形成积极向上、富有创造力的团队氛围，推动店铺的持续发展。

（三）明确岗位职责和目标

在跨境电商店铺管理过程中，明确岗位职责和目标环节是确保团队高效协作、达成店铺经营目标的关键。

　　首先，需要明确每个团队成员的具体岗位职责。这包括各个岗位的基本职责、工作任务、工作要求以及与其他岗位的协作关系。例如，运营人员负责店铺的日常运营、商品上架、促销活动策划等工作；客服人员则负责处理客户的咨询、投诉、售后等问题，提供优质的客户服务。通过明确岗位职责，可以使每个团队成员清楚自己的工作内容和职责范围，避免工作重叠和遗漏。

　　其次，需要设定明确的目标。这些目标应该与店铺的整体战略和业务计划相一致，包括销售额、客户增长率、客户满意度等关键指标。同时，目标应该具有可衡量性，以便团队成员能够清楚地了解自己的工作成果与目标的差距。此外，目标还应该具有挑战性，能够激发团队成员的积极性和创造力。

　　此外，还需要确保每个团队成员都充分理解并认同自己的岗位职责和目标。这可以通过定期的培训和沟通会议来实现。在培训中，可以详细解释每个岗位的职责和要求，帮助团队成员更好地掌握工作技能。在沟通会议中，可以讨论店铺的经营状况、市场趋势，以及团队成员的工作进展和遇到的问题，共同寻找解决方案。

　　最后，还需要建立有效的考核机制来评估团队成员的工作表现。这可以通过设置 KPI（关键绩效指标）等方式来实现。考核机制应该公平、公正、透明，能够客观反映团队成员的工作成果和努力程度。同时，考核结果应该与激励机制相结合，对表现优秀的团队成员给予相应的奖励和晋升机会，以激发整个团队的积极性和创造力。

第三节　跨境电商客户服务

　　跨境电商的客户服务与传统商家的客户服务有所不同，首先他们的客户来自世界各地，非常分散而且使用不同的语言，有着不同的文化习俗和信仰，可以说，跨境电商的客户服务是非常特别的，包括客户的开发、管理，以及退货处理等几个主要方面。

一、开发客户

（一）利用搜索引擎

1. 关键词搜索

通过搜索引擎，输入与产品或行业相关的关键词，找到相关的潜在客户；也可以尝试不同的关键词组合，以获取更精确的结果。此外，搜索引擎通常提供高级搜索功能，如筛选、排序和过滤等，这些功能可以更准确地找到目标客户。

2. 竞价广告投放

在搜索引擎上投放广告，当潜在客户搜索相关关键词时，广告会出现在搜索结果页中。这是一种相对精准的营销方式，需要一定的投入。

3. 建立良好的网站排名

通过搜索引擎优化（SEO）技术，提高自己网站的排名，让潜在客户更容易找到你。这包括优化网站内容、结构和元数据等。

（二）利用社交媒体平台

利用社交媒体平台（如 Facebook、Twitter、Instagram 等）开发客户是一个高效且富有成效的策略。跨境电商可以在这些社交媒体平台上发布有价值的内容，吸引潜在客户的关注和互动。

1. 选择合适的社交媒体平台

不同的社交媒体平台有不同的用户群体和特点。跨境电商需要根据目标客户的特征，选择最适合的社交媒体平台进行宣传和推广。

2. 建立品牌形象

在社交媒体平台上，通过发布有关产品、企业文化、行业趋势等内容，打造独特的品牌形象。这有助于增加知名度，吸引更多的潜在客户，并使他们产生信任感。

3. 发布有价值的内容

发布有价值的内容是吸引客户的关键。内容可以包括产品介绍、使用技巧、行业趋势分析、客户案例等。同时，要注意内容的多样性和更新频率，以保持用户的兴趣。

4. 运用社交广告

社交媒体平台通常提供广告投放功能。跨境电商可以根据目标客户的特征，设置准确的广告受众，并选择合适的广告形式。通过优化广告内容和定位，可以提高广告的点击率和转化率，吸引更多潜在客户。

5. 加强社交互动

与潜在客户在社交媒体上进行互动是非常重要的。例如，回复客户的评论或提问，分享客户的成功故事，举办线上活动或竞赛等。这些互动不仅可以增强客户的忠诚度和信任度，还可以收集客户反馈，优化产品和服务。

6. 跨平台整合

除了主要的社交媒体平台，还可以考虑其他社交媒体平台和网站的整合，如 YouTube、Facebook 等，以扩大品牌的影响力和覆盖范围。

7. 数据分析和优化

利用社交媒体平台提供的数据分析工具，对营销活动的效果进行监测和优化。通过分析用户行为、广告效果等数据，可以不断改进营销策略，提高客户开发效率。

（三）使用邮件营销

跨境电商通过发送定制的邮件广告，向潜在客户推广你的产品和服务。在这一过程中，要注意邮件内容的质量和频率，避免被视为垃圾邮件。

1. 明确目标客户群体

首先，要明确目标客户群体的特征和需求。通过了解他们的行业、地域、购买习惯等信息，可以更有针对性地制定邮件营销策略。

2. 构建高质量的邮件列表

建立一个高质量的邮件列表是邮件营销成功的关键。可以通过网站注册、购买记录、社交媒体互动等方式收集客户邮箱地址，并定期清理无效和重复的邮箱，确保邮件能够准确地送达目标客户。

3. 设计吸引人的邮件内容

邮件内容应该简洁明了，能够迅速引起客户的兴趣。标题要吸引人，正文要突出产品的特点和优势，同时提供一些有价值的信息或优惠活动，激发客户的购买欲望。

4. 个性化邮件内容

根据客户的购买历史、浏览记录等信息，可以为客户提供个性化的邮件内容。例如，推荐相似的产品、提供定制化的优惠活动等，这有助于提高客户的参与度和购买率。

5. 定期发送邮件

保持一定的发送频率，既不要让客户感到被打扰，也不要让他们忘记你的品牌。可以根据不同的促销活动或节日制订邮件发送计划，确保邮件内容与时俱进。

6. 优化邮件发送时间

了解目标客户的时区和工作习惯，选择在他们最可能查看邮件的时间段发送邮件。这有助于提高邮件的打开率和点击率。

7. 跟踪和分析数据

利用邮件营销工具跟踪邮件的发送、打开、点击等数据，分析客户的反馈和行为。根据数据结果调整邮件营销策略，不断优化邮件内容和发送方式。

二、客户管理

（一）提供专业的服务与支持

提供多种客户沟通渠道，如电话、电子邮件、社交媒体和在线聊天等，以便客户选择最方便的方式与卖家联系。确保客户能够随时获得帮助，增强他们的信任感和满意度。

1. 了解客户需求

通过与客户沟通，了解他们的需求和期望。收集客户反馈，关注客户在购物过程中遇到的问题，并采取措施改进产品和服务。这有助于提高客户满意度，并促进客户再次购买。

2. 提供定制化与个性化服务

根据客户的购物历史、独特偏好以及即时需求，提供定制化和个性化的服务及推荐。此举旨在进一步增加客户对卖家的信任感，并巧妙推动交叉销售与增值销售的策略实施。

3. 建立客户关系管理系统

使用客户关系管理（CRM）系统来跟踪客户互动、记录客户需求和反馈、管理销售线索等。通过数据分析，了解客户的消费行为和偏好，为不同类型的客户提供定制化的服务和营销策略。

（二）快速响应

客户需要帮助时，快速响应是至关重要的。尽量在 24 小时内回复客户的邮件和消息，及时解决客户的问题和疑虑，提高客户满意度和忠诚度。

1. 建立客户服务标准

制定明确的客户服务标准和流程，确保客服人员遵循公司的价值观和原则。同时，鼓励客服人员积极发挥个人的主观能动性，在遵循标准的基础上，根据客户的具体需求和情况，提供更具个性化和针对性的服务。

2. 与当地文化和习惯相融合

在跨境电商中，了解目标市场的文化和习惯非常重要。尊重当地的文化差异，为客户提供符合他们需求的产品和服务。同时，适应当地的沟通方式和语言习惯，以便更好地与客户进行交流。

（三）退货处理

1. 退货政策

卖家应在销售前向消费者明确退货政策，包括退货期限、退货条件、退货运费承担等。同时，应确保退货流程的透明和简便，以便消费者顺利完成退货。

2. 退货商品处理

退货商品可能需要进行质量检查、清洁、重新包装等处理，以确保商品符合再次销售的标准。如果商品存在损坏或缺失等问题，卖家应与消费者协商解决。

3. 退货物流

卖家需要选择可靠的物流公司，确保商品能够安全、快速地退回到仓库。同时，应与物流公司协商合理的费用，以降低退货成本。

4. 退货退款处理

卖家收到退货后应尽快进行退款处理，确保消费者的权益得到保障。

在处理退款时，应核对消费者的付款信息，避免退款错误。

5. 消费者关系维护

良好的退货处理有助于维护消费者的忠诚度和信任度。因此，卖家应积极解决消费者的疑问和投诉，保持良好的沟通。

第三章
跨境电商支付

跨境电商支付是所有跨境交易安全、顺利开展的前提，其优点在于方便快捷、安全可靠，能够满足跨国交易的需求。特别是在跨境电商的大背景下，选择合适的跨境电商支付方式规避交易风险，以及借助最新的科学技术助力跨境电商的稳健发展将有着重要意义。

第一节　跨境电商支付概述

一、跨境电商支付的发展概况

互联网支付工具和支付模式的迅速发展，极大地改变了人类社会的交易方式和行为方式。目前，国际网上跨境支付的主体形式为通过第三方支付平台进行资金的清算，我国近年来也频频出现第三方支付企业在这一全新领域的尝试。

网络跨境资金流动包括跨境支付和跨境收入两部分，必然涉及结售汇问题，而从目前情况来看，我国跨境结算的方式是多种多样的，既包括由第三方支付工具统一购汇的支付，又包括境外的电子支付平台接受人民币支付的方式。

二、跨境电商支付的概念

跨境电商支付（Cross-border Payment）是指在不同国家或地区的交易主体之间，通过电子商务平台进行交易、支付和结算，在这一过程中借助一定的结算工具和支付系统实现的资金跨国和跨地区转移的行为。与境内支付不同的是，跨境支付付款方所支付的币种可能与收款方要求的币种不一致，或牵涉外币兑换以及外汇管制政策的问题。

三、跨境支付中的外汇汇率

在跨境支付中，外汇汇率是一个关键因素。它指的是一国货币与另一国货币之间的兑换比率。在进行跨境交易时，由于涉及不同国家的货币，因此需要进行外汇兑换。

外汇汇率的波动会对跨境支付产生影响。如果汇率波动较大，可能会导致汇款延迟、交易成本增加或交易失败等问题。因此，在进行跨境支付时，需要考虑到外汇汇率的风险，并采取相应的措施来降低风险。

一些跨境支付平台会提供结算汇率的服务，以帮助买家和卖家进行外汇兑换。这些平台通常会提供实时汇率信息，并允许买家和卖家选择不同的汇率进行结算。在选择结算汇率时，买家和卖家需要考虑到汇率波动的影响，并选择对自己更有利的汇率进行结算。

此外，一些跨境支付平台还会提供汇率锁定的服务，以帮助买家和卖家规避汇率风险。这种服务通常会允许买家和卖家在一定时间内锁定汇率，以保证交易的稳定性和可预测性。

总之，外汇汇率是跨境支付中需要考虑的重要因素。买家和卖家需要了解外汇汇率的波动情况，并采取相应的措施来降低风险，以保证交易的顺利进行。

四、跨境电商支付的特征

（一）有多种支付方式

跨境电商领域涵盖了多样化的支付手段，选择合适的支付工具要根据具体的情况而定，比如目标市场的支付习惯、交易的货币种类、交易的规模和频率等。同时，为了保证交易的安全性，也需要注意防范欺诈和支付风险。

（二）时差性

在跨境电商交易中，由于买家和卖家处于不同的国家和地区，因此可能会存在时间差的问题，从而影响到交易的效率和成功率。例如，当中国时间的消费者在跨境电商网站上购买商品时，美国时间的消费者可能刚刚开始工作或学习，导致交易量较少或交易失败。此外，一些跨境电商平台可能无法提供全天候的服务，也可能影响交易的完成。

为了解决跨境电商支付的时差性特点，一些跨境电商平台采取了多种措施。首先，他们尽可能地提供多种语言和支付方式，以满足不同国家和地区消费者的需求。其次，他们采用全球化的物流和仓储服务，以确保商品能够及时送达消费者手中。此外，一些平台还提供了全天候的客服服务，为消费者提供及时的帮助和支持。

（三）便捷性

随着科学技术的发展，跨境电商支付越来越便捷，消费者可以选择适合自己的支付方式，一旦消费者完成支付，平台会尽快处理订单并将商品送达消费者。当前，越来越多的消费者选择使用移动设备进行跨境电商购物和支付，这也进一步提升了支付的灵活性和便利性。

（四）费率差异

跨境电商支付的费率通常会受到支付方式、交易量、交易地区等因素的影响，因此卖家需要综合考虑费率因素，选择合适的支付方式。跨境电商平台通常会根据交易金额的一定比例收取交易手续费，具体费率根据不同国家和地区而有所差异。由于涉及不同国家和地区的货币，因此支付过程中可能会产生汇率差价。这可能会增加消费者的支付成本，从而影响消费者的购买意愿。另外，不同的支付方式可能会有不同的费率。例如，信用卡支付可能会收取额外的手续费，而银行转账可能会比较便宜。

再有，不同国家和地区的税收和关税政策可能不同，这可能会导致支付成本的差异。一些跨境电商平台提供跨境支付解决方案，这些服务可能会收取一定的费用。

第二节　跨境电商支付方式

一、第三方支付平台

（一）PayPal

PayPal 作为一家全球性的在线支付公司，其功能非常强大，是全球最有影响力和受众群最多的支付平台。其功能具体如下。

1. 在线支付

PayPal 提供了一种方便、快速、安全的在线支付方式，用户可以通过其账户进行各种在线交易，包括购物、缴纳水电煤费用、转账等。

2. 国际支付

PayPal 支持全球范围的跨境支付，用户可以在全球范围内进行付款和收款，无须担心汇率问题。

3. 账户管理

用户可以在 PayPal 账户中管理自己的资金，包括查看交易记录、提现、调整支付限额等。

4. 安全保障

PayPal 采用了多种安全措施，保障用户的资金和交易安全，包括 SSL 加密、风险检测等。

5. 集成 API

PayPal 提供了多种 API 和 SDK，方便开发者将其集成到自己的应用程序中，为用户提供更便捷的支付体验。

6. 商家服务

PayPal 为商家提供了多种服务，包括接受付款、管理订单、处理退换货等，帮助商家更好地管理自己的业务。

7. 移动支付

通过 PayPal 的手机应用程序，用户可以在移动设备上进行支付和收款，随时随地进行交易。

8. 多货币支持

PayPal 支持多种货币交易，包括人民币、美元、欧元等，满足用户在全球范围内的支付需求。

（二）国际支付宝

国际支付宝的第三方支付服务是由阿里巴巴国际站同国内支付宝（Alipay）联合支持提供的。全球速卖通平台只是在买家端将国内支付宝改名为国际支付宝。使用国际支付宝有品牌优势、多种支付方式、安全保障和方便快捷等优势。国际支付宝功能广泛，而且安全便捷，因此成为跨境电商交易中广泛使用的支付工具之一。

（三）PingPong

PingPong 成立于 2015 年 6 月，公司总部位于杭州跨境电子商务综合试验区，先后在美国、欧盟、日本等业务区获得了相关业务牌照，并建立分支机构。PingPong 当前主要业务是为 Ama-zon（亚马逊）、eBay、Wish 等平台的中国跨境电子商务提供跨境收款服务以及为跨境电子商务提供企业信贷服务。PingPong 与中国银联、中国银行、中国跨境电子商务综合试验区（杭州）、上海跨境电子商务公共服务平台等机构联手，为中国卖家提供更合规、更安全的跨境收款服务，以及多种重量级产品。

作为一家中国跨境电商支付服务提供商，PingPong 提供了全球范围的支付解决方案、安全保障、便捷的账户管理、快速结算提现、多币种支持、定制化服务、完善的客户服务，以及全球化战略合作等方面的服务。这些服务使得 PingPong 成为了跨境电商企业和个人在支付领域的可靠选择之一。

二、国际信用卡支付

（一）Visa

Visa 信用卡是一种全球通用的信用卡支付方式，连接着全世界 200 多个国家和地区的用户，由 Visa 国际组织负责经营和管理。Visa 的前身是 1900 年成立的美洲银行信用卡公司，并于 1977 年正式改为 Visa 国际组织，成为全球性的信用卡联合组织。

Visa 信用卡可以在全球范围内的 Visa 特约商户进行消费和取现，具有方便、快捷、安全等优点。Visa 信用卡品牌包括 Visa、Visa Electron、Visa Debit、Visa Prepaid 等，不同类型的信用卡有不同的用途和使用限制。使用 Visa 信用卡可以享受到各种优惠和积分奖励，同时还有安全保障和客户服务等方面的支持。

（二）MasterCard

万事达卡国际组织（MasterCard International）是全球第二大信用卡国际组织。1966 年，美国加州的一些银行成立了银行卡协会（Interbank Card Association），并于 1970 年启用 Master Charge 的名称及标志，1978 年更名为 MasterCard。MasterCard 信用卡品牌包括 MasterCard、Maestro、Cirrus 等，不同类型的信用卡有不同的用途和使用限制。

（三）JCB

JCB 是日本信用卡株式会社（Japan Credit Bureau）的简称，成立于 1961 年，是国际信用卡组织之一。JCB 在海内外拥有约 1.3 亿用户，其发行的信用卡可以在全球范围内方便地使用，同时 JCB 在中国与多家银行合作发行信用卡。其业务范围遍及世界各地 100 多个国家和地区。JCB 信用卡的种类达 5 000 多种，成为世界之最。JCB 作为一家国际支付品牌，始终坚持提供高品质服务与产品的承诺。

（四）中国银联

中国银联（China UnionPay）成立于 2002 年 3 月，是经国务院同意，中国人民银行批准设立的中国银行卡联合组织，由 80 多家国内金融机构共同发起设立的股份制金融服务机构，注册资本 16.5 亿元人民币，总部设于上海。中国银联的主要职能包括：建设和运营全国银行卡跨行信息交换网络，实现银行卡的联网通用；推广统一的银联卡标准规范，创建自主品牌；推动银行卡的发展和应用；维护银行卡受理市场秩序，防范银行卡风险等。中国银联已与境内外数百家机构展开广泛合作，网络遍布中国城乡，并已延伸至亚洲、欧洲、美洲、大洋洲、非洲等境外 157 个国家和地区。

三、银行汇款

传统跨境大额交易平台（大宗 B2B）模式主要为中国外贸领域规模以上 B2B 电子商务企业服务，如为境内外会员商户提供网络营销平台，传递供应商或采购商等合作伙伴的商品或服务信息，并最终帮助双方完成交易。跨境大额交易平台的典型代表有 eBay、阿里巴巴国际站、环球资源、

made-in-china 等。大宗交易平台仅提供买家和卖家信息，提供商家互相认识的渠道，不支持站内交易。外贸交易以线下支付为主，金额较大。银行汇款一般分为电汇、西联汇款、中国香港离岸公司银行账户三种。

（一）电汇

电汇是一种贸易术语，指的是通过电报办理汇兑业务。电汇是付款人将一定款项交存汇款银行，汇款银行通过电报或电话传给目的地的分行或代理行（汇入行），指示汇入行向收款人支付一定金额的一种交款方式。在电汇过程中，银行会根据汇款金额收取一定的手续费。另外，电汇需要填写电汇单，并在申请书中注明采用电汇方式。电汇的到账时间一般为两个小时，最晚一个工作日。

电汇作为一种传统的 B2B 付款模式，适合大额交易付款。目前，电汇逐渐由电子汇款取代。电子汇款是通过电子手段传送银行付款授权指令，以完成向境外付款。

（二）西联汇款

西联汇款是西联国际汇款公司（Western Union）的简称，是第一数据公司（FDC）的子公司，是世界领先的特快汇款公司，迄今已有 150 年的历史。它拥有全球最大、最先进的电子汇兑金融网络，代理网点遍布全球近 200 个国家和地区，在中国拥有超过 28 000 个合作网点。它提供快速、简便、可靠的跨境汇款服务，用户只需凭借有效的身份证明文件，即可在合作网点办理汇款业务。西联汇款的手续费是按笔收取的，具体费用根据汇款金额和目的地国家或地区的不同而有所差异。西联汇款的优点在于快速、安全可靠，但其缺点在于手续费较高，对于小额汇款不太划算。

目前，中国光大银行、中国邮政储蓄银行、中国建设银行、吉林银行、哈尔滨银行、福建海峡银行、烟台银行、龙江银行、温州银行、徽商银行、浦发银行等多家银行是西联汇款的中国合作伙伴。同时，西联汇款与中国银联子公司——银联电子支付合作，提供可靠的直接到账汇款服务，汇款可直达中国主要商业银行的有效银行账户。

（三）中国香港离岸公司银行账户

中国香港离岸公司银行账户是指卖家通过在中国香港开设离岸银行账户，接收海外买家的汇款，再从中国香港账户汇往内地账户。它的优点是接收电汇无额度限制，不会受到每年 5 万美元的个人结汇额度限制，适合接收大额汇款，而且不同货币直接可随意自由兑换。中国香港离岸公司银行账户对于传统外贸及跨境电商都适用，适合已有一定交易规模的卖家。

第三节　全球跨境支付发展趋势及对我国的启示

跨境支付是国际贸易和经济活动的核心。在全球新冠疫情、地缘政治冲突、新产品涌现、技术升级换代、用户需求变化等多重因素作用下，全球跨境支付生态系统面临着旨在提高跨境支付速度、效率、透明度和普惠性的变革。全球主要央行和国际支付组织对传统支付体系下跨境支付业务成本高、速度慢、覆盖面受限和透明度不足等问题达成共识。金融稳定委员会与支付和市场基础设施委员会以及其他相关标准制定机构紧密合作，制定出适合当前世界需要的跨境支付发展路线图，G20 于 2020 年 10 月批准该报告，将全球跨境支付改革列入优先事项，推进由各国央行主导的跨境支付顶层设计，力求实现彻底革新。

一、全球跨境支付的现状

（一）跨境支付规模持续增长

随着全球化和互联网的发展，跨境支付的需求不断增加。各国家和地区的贸易往来和资金流动日益频繁，尤其近些年来跨境零售支付业态的快速崛起，旅游业的增长、数字支付方式的兴起，以及全球金融基础设施的完善等因素，都促进了跨境支付规模的持续增长。未来，随着技术的不断进步和政策的逐步明确，跨境零售支付将会更加便捷、高效和安全。

（二）跨境支付方式多样化

传统的跨境支付方式包括电汇、信用证、托收等，而如今随着科技的进步，跨境支付方式出现了更多的选择，如第三方支付、数字货币、区块链等。这些新兴支付方式具有更加高效、便捷、低成本等优势，逐渐成为跨境支付的主流。消费者可以根据自己的习惯和喜好选择最方便的支付方式完成跨境交易。

（三）地缘政治博弈促进多边支付系统的发展

首先，多边支付系统是一种能够实现多个国家和地区之间跨境支付的系统。在全球化背景下，地缘政治博弈导致了各国对货币和金融自主权的争夺，这促使了多边支付系统的发展。通过建立和完善多边支付系统，可以加强国家和地区之间的经济合作和贸易往来，提高跨境支付的效率和安全性，减少对单一支付系统的依赖，从而提升国家金融竞争力。

其次，多边支付系统的建立和发展也有助于提高金融系统的稳定性。在跨境支付中，由于不同国家和地区的支付系统、法律法规、监管政策等存在差异，容易导致支付风险和金融不稳定。而多边支付系统可以通过统一的规则和标准，降低跨境支付的风险和不确定性，提高金融系统的稳定性。

此外，多边支付系统还有助于推动数字货币的发展。数字货币是多边支付系统的重要组成部分，它可以降低跨境支付的成本和时间，提高支付的效率和透明度。多边支付系统的发展可以促进数字货币的推广和应用，推动金融科技的进步和创新。

（四）跨境电商的兴起促进了跨境支付的发展

跨境电商的兴起为跨境支付提供了更广阔的应用场景。跨境电商通过互联网向全球消费者提供商品和服务，促进了全球范围内的消费和贸易。同时，跨境电商的发展也带动了跨境支付的需求增长，促进了跨境支付的创新和发展。为方便跨境电商交易，一些平台推出了专门的跨境支付解决方案。这些平台提供一站式支付服务，支持多种货币结算，简化了跨境支付流程，提高了支付成功率。

（五）金融科技推动跨境支付技术的革新

1. 数字化和自动化

金融科技使得跨境支付实现数字化和自动化，提高了支付的效率和可追溯性。通过区块链技术和智能合约，跨境支付可以实现自动执行和实时结算，大大缩短了交易时间，降低了人工干预和错误率。

2. 实时监测和风险管理

跨境电商支付存在一定的风险，包括欺诈、盗刷、洗钱等。因此，支付系统需要建立完善的风险控制和反欺诈机制，以保障交易的安全性。而金融科技提供了实时的支付监测和风险管理功能，有助于防范欺诈和洗钱等风险。通过大数据分析和人工智能技术，可以对跨境支付交易进行实时监控和分析，及时发现异常行为和潜在风险，提高支付的安全性和可靠性。

3. 去中心化金融（DeFi）

DeFi 应用的发展为跨境支付提供了更加灵活和去中心化的解决方案。通过智能合约和去中心化交易平台，跨境支付不再依赖于传统的金融机构和中介，降低了手续费和交易时间，提高了支付的自主性和透明度。

4. 数字货币和稳定币

数字货币和稳定币的发展为跨境支付提供了更加便捷和低成本的选择。数字货币如比特币、以太坊等，以及稳定币如 USDT 等，都可以实现跨境支付的快速、安全和低成本交易，为全球范围内的消费者和企业提供了更多的支付选择。

5. 移动支付和数字钱包

移动支付和数字钱包的应用也推动了跨境支付的便利化。通过手机银行、第三方支付平台等移动支付方式，消费者可以随时随地进行跨境支付，无须到银行网点或使用现金，从而提高支付效率和用户体验。数字钱包也提供了更加便捷的存储和交易方式，提高了跨境支付的便利性和安全性。

二、全球跨境支付发展趋势

（一）加强国际合作与行业规范

加强国际合作与行业规范，制定跨境支付统一目标与标准，是推动跨境支付健康、可持续发展的关键。

1. 建立国际合作机制

各国政府和监管机构应加强跨境支付领域的国际合作，共同制定统一的目标和标准。通过建立合作机制，加强信息共享和监管协调，可以降低跨境支付的风险和不确定性，提高支付的安全性和可靠性。

2. 制定行业规范和标准

跨境支付涉及多个领域和多方利益相关者，需要制定统一的行业规范和标准，以促进其健康发展。这包括制定跨境支付的业务流程、技术标准、风险管理等方面的规范，以及明确各方的权利和义务。

3. 加强监管和合规性要求

监管机构应加强对跨境支付的监管和合规性要求，确保其符合国际标准和国家法律法规。这包括反洗钱、反恐怖主义资金、个人信息保护等方面的要求。同时，监管机构也应鼓励创新，为跨境支付的发展提供适当的监管环境。

4. 推动技术研发和应用

金融科技的发展为跨境支付带来了新的机遇和挑战。各国应加强技术研发和应用方面的合作，共同推动区块链、人工智能、大数据等技术在跨境支付领域的应用和发展。

5. 提升消费者权益保护

跨境支付涉及消费者权益保护问题。各国应加强消费者权益保护方面的合作，制定跨境支付的消费者权益保护标准和规范，确保消费者的合法权益得到保障。

（二）探索新兴支付基础设施应用方向

1. 跨境支付系统优化

为了提高跨境支付的效率和可靠性，可以探索优化现有的跨境支付系统。通过引入先进的技术和算法，改善支付系统的处理能力和稳定性，降低支付延迟和错误率，提高跨境支付的效率和客户满意度。

2. 数字货币与区块链技术应用

数字货币和区块链技术为跨境支付带来了新的机遇和挑战。可以探索如何将数字货币和区块链技术应用于跨境支付中，例如通过智能合约实现自动化支付、利用数字货币进行跨境汇款等。这有助于提高跨境支付的透明度、安全性和可追溯性。

3. 移动支付与数字钱包整合

移动支付和数字钱包已经成为消费者常用的支付方式。可以探索如何将移动支付和数字钱包整合到跨境支付中，为消费者和企业提供更加便捷的支付体验。通过优化移动支付和数字钱包的接口和流程，降低跨境支付的门槛和成本，提高支付的便利性和用户体验。

4. 跨境金融服务平台建设

可以探索建立跨境金融服务平台，提供一站式金融服务，包括跨境支付、跨境汇款、外汇交易、融资服务等。通过跨境金融服务平台，可以优化资源配置，降低交易成本，提高金融服务效率，促进跨境贸易和投资的发展。

5. 跨境支付风险管理

在探索新兴支付基础设施应用过程中，需要重视风险管理。可以建立完善的风险管理体系，对跨境支付可能面临的市场风险、信用风险、操作风险等进行有效监控和管理。通过制定风险管理策略和预案，降低跨境支付的风险敞口，保障支付的安全和稳定。

（三）实现跨境支付基础设施的互联互通

1. 推动各国支付系统的对接

跨境支付涉及不同国家和地区的支付系统。应推动各国支付系统的对接，实现不同支付系统间的互联互通。这样可以降低跨境支付的交易成本，提高支付效率，促进跨境贸易和投资的发展。

2. 加强技术研发和创新

跨境支付基础设施的互联互通需要强大的技术支持。应加强技术研发和创新，提升支付技术的安全性和可靠性，为跨境支付提供更加高效、便捷和低成本的服务。

三、全球跨境支付发展对我国的启示与建议

（一）持续完善我国跨境支付体系

1. 持续完善我国跨境支付体系

我国应持续完善跨境支付体系，提高支付效率、降低成本、增强安全性。这包括加强跨境支付基础设施建设、优化支付流程、提高跨境支付系统的处理能力和稳定性等。同时，应加强与国际支付系统的对接，提升我国跨境支付的国际竞争力。

2. 鼓励金融科技创新

金融科技的发展为跨境支付带来了新的机遇和挑战。我国应鼓励金融科技创新，推动区块链、人工智能、大数据等技术在跨境支付领域的应用和发展。通过金融科技创新，可以提升跨境支付的效率和安全性，降低交易成本，提升用户体验。

3. 加强监管和合规性建设

在跨境支付发展中，监管和合规性建设至关重要。我国应加强跨境支付的监管和合规性要求，确保其符合国际标准和国家法律法规。同时，应建立完善的监管机制，对跨境支付可能面临的市场风险、信用风险、操作风险等进行有效监控和管理。

4. 促进跨境电商发展

跨境电商的兴起为跨境支付提供了更广阔的应用场景。我国应促进跨

境电商的发展，推动跨境贸易和投资的便利化。通过优化跨境电商的支付环境，提高跨境支付的效率和安全性，降低交易成本，促进跨境电商的健康发展。

5. 加强国际合作与交流

跨境支付涉及多个国家和地区，需要各国加强合作与交流。我国应积极参与国际合作与交流，共同制定跨境支付的国际标准和规范。通过加强信息共享和监管协调，降低跨境支付的风险和不确定性，提高支付的安全性和可靠性。

（二）实现跨境支付外延式发展

1. 拓展跨境支付的应用场景

除了传统的跨境贸易和留学等场景，可以进一步拓展跨境支付的应用场景，例如跨境旅游、跨境医疗、跨境物流等领域。通过拓展应用场景，可以增加跨境支付的需求和业务量，推动其外延式发展。

2. 提升跨境支付的便利性

为了吸引更多的用户选择跨境支付，需要提升其便利性。这包括简化跨境支付的流程、提高支付速度、降低手续费等方面。通过提升便利性，可以降低用户的支付门槛和成本，提高用户的满意度和忠诚度。

3. 加强跨境支付的风险管理

跨境支付涉及的风险多种多样，如流动性风险、信用风险、欺诈风险等。为了实现外延式发展，需要加强风险管理，建立完善的风险识别、评估、控制和处置机制。通过风险管理，可以降低风险敞口，保障支付的安全和稳定，提升用户信任度。

4. 探索新的跨境支付模式

随着技术的发展和用户需求的变化，可以探索新的跨境支付模式，例如数字货币支付、区块链支付等。通过创新支付模式，可以提供更加高效、便捷和安全的支付方式，满足用户多样化的支付需求。

（三）探索多元跨境支付生态环境

1. 建立开放合作的生态圈

跨境支付涉及多个利益相关者，包括支付机构、银行、电商平台、物流公司等。为促进各方和谐共生与协同发展，应致力于构建一个多元协作的开放生态圈。通过生态圈的建立，可以整合资源、优化流程、降低成本、提高效率，推动跨境支付的可持续发展。

2. 鼓励创新和差异化发展

在跨境支付领域，创新和差异化发展是关键。可以鼓励支付机构发挥自身优势，探索新的支付方式、支付渠道和支付场景。同时，可以鼓励各利益相关者在支付生态圈中发挥各自的作用，共同推动跨境支付的创新和差异化发展。

3. 建立完善的监管体系

在探索多元跨境支付生态环境的过程中，需要建立完善的监管体系。应当加强对跨境支付领域的监管力度，制定详细而具体的法规和规范，以确保其运作的合规性和安全性。同时，应建立风险评估机制，对跨境支付的风险进行监测和预警，防止风险扩散和蔓延。

4. 培养专业人才和提高素质

跨境支付涉及多个领域和专业知识，需要增强从业人员的专业能力和综合素质。一方面应加强人才培养和培训的力度，确保从业人员具备扎实的理论基础和丰富的实践经验。另一方面应加强国际人才的交流和引进，这不仅有助于吸收国际先进经验和技术，更能为跨境支付行业的持续发展提供坚实的人才支撑。

第四章
跨境电商物流管理

跨境电商物流管理是指对跨境电商交易中的物流活动进行计划、组织、协调、控制和监督的一系列活动。其主要目标是确保商品能够快速、安全、高效地从卖家传递到买家手中，以提升客户满意度，提高企业的竞争力和盈利能力。本章将从跨境电商物流概述、跨境电商的进出口物流管理，以及基于供应链管理的跨境电商物流一体化等方面分别展开分析。

第一节　跨境电商物流概述

一、跨境电商物流的含义

跨境电商的发展带来跨境电商物流的变革和发展，跨境电商物流的发展又成为支撑跨境电商发展的关键。通常情况下，跨境电商物流指的是在电子商务环境下，依靠互联网、大数据、信息化与计算机等先进技术，物品从跨境电商企业流向跨境消费者的跨越不同国家或地区的物流活动。

在跨境电商活动中，由于交易双方分处不同国家和地区，如何实现将交易商品安全、高效地从商家仓储位置交付至买家手中是跨境电商买家重点关注的问题，也是当前跨境电商商家致力解决的核心问题之一。安全、高效的跨境电商物流将大大改善跨境电子商务买家的消费体验，也是诸多跨境电子商务企业所追求的目标。

二、跨境电商物流的特点

（一）跨国界性

跨境电商物流的最大特点是跨越国界，需要面对不同国家的物流政策、法律法规、海关规定等，因此需要有更多的物流知识和经验来应对各种问题。

1. 涉及多个国家

跨境电商物流需要跨越国界，涉及多个国家和地区的物流运输。每个国家和地区的物流基础设施、政策、法规、语言和文化等都有所不同，需要针对不同情况进行物流方案的规划和执行。

2. 国际物流运输

跨境电商物流需要进行国际物流运输，涉及海运、空运、陆运等多种运输方式的选择和组合。需要根据商品的性质、运输距离和时间要求等因素，选择最合适的运输方式。

3. 海关清关

跨境电商物流需要经过多个国家和地区的海关清关，涉及报关、检验、税费等环节。需要遵守各国的海关政策和法规，确保货物的合法流通，同时也要应对海关查验和扣留等风险。

4. 国际支付和结算

跨境电商物流涉及国际支付和结算，需要处理货币转换、汇率波动等问题。需要与国际支付机构和银行合作，提供安全、便捷的支付和结算服务。

5. 语言和文化差异

跨境电商物流需要面对不同国家和地区的语言和文化差异，需要提供多语言支持和服务，理解当地消费者的需求和文化习惯，以提升客户体验。

（二）分散性

跨境电商物流的分散性特点，需要借助先进的物流技术和信息系统，提高物流效率和准确性，降低成本和风险。其分散特点具体体现如下。

1. 订单分散

跨境电商涉及全球范围内的消费者，每个消费者下单的时间、地点、数量都各不相同，导致订单的分散性很大。

2. 物流运输分散

由于订单的分散性，每个订单的物流运输路径和方式也各不相同，需要单独设计和安排，增加了物流运输的复杂性和成本。

3. 物流节点分散

跨境电商物流需要经过多个国家和地区的物流节点，包括港口、机场、仓库等，每个节点的操作和流程都有所不同，需要精细的管理和协调能力。

4. 清关分散

由于涉及不同国家和地区的海关清关，每个清关流程和要求都不同，需要针对每个订单进行单独处理，增加了清关的复杂性和成本。

5. 售后服务分散

跨境电商物流涉及全球范围内的消费者，每个消费者的售后服务需求和问题都各不相同，需要提供个性化的解决方案，增加了售后服务的工作量和难度。

（三）成本高

由于跨境物流的复杂性和特殊性，运输成本通常比国内物流更高。主要原因是跨境物流需要面对多个环节的运输费用，包括海运、航空、卡车、铁路等多种运输方式的组合，同时需要支付海关税费、运输保险等其他费用。具体体现如下。

1. 长途或多次转运

跨境电商物流需要跨越国界，运输距离较长，尤其是在洲际之间运输时，需要经过长途运输和多次转运，导致物流成本较高。

2. 物流基础设施不完善

一些发展中国家的物流基础设施相对落后，道路、铁路、航空、水运等运输方式不够发达，导致物流运输效率低下，增加了物流成本。

3. 运输保险费用高

跨境电商物流运输过程中可能会遇到各种风险，如自然灾害、政治风险、盗窃等，因此需要购买运输保险以规避风险，而保险费用也增加了物流成本。

4. 物流管理难度大

跨境电商物流需要管理多个国家和地区的物流节点和运输方式，协调不同地区的物流资源和信息，管理难度较大，增加了物流成本。

（四）时间长

由于物流跨越国界，需要通过多个海关和关税区，因此运输时间通常比国内物流更长。在跨境电商物流中，尤其是从国外运输到国内的物流，由于国际运输和海关查验等因素，往往需要数周或数月的时间。

1. 地理距离和运输方式选择

跨境电商物流需要跨越国界，地理距离较长。同时，运输方式的选择也会影响物流时间，如海运相对空运所需时间更长。

2. 清关手续

跨境电商需要经过海关清关，而不同国家和地区的海关政策和规定不同，需要进行报关、检验、缴税等手续，增加了物流的时间成本。

3. 物流基础设施和信息化水平

一些国家和地区的物流基础设施不够完善，信息化水平较低，导致物流运输效率低下，增加了物流时间。

4. 交通状况

不同交通状况也会在很大程度上影响物流时间。例如，遇到恶劣天气、交通事故或交通拥堵等情况时，物流时间可能会延长。

5. 物流服务提供商的效率和协调能力

物流服务提供商的效率和协调能力也会影响物流时间。如果服务提供商能够高效地协调各个环节，优化运输路径和方式，可以缩短物流时间。

（五）物流安全性和可靠性要求高

跨境电商物流涉及多个国家和地区的物流环节，需要在海关、仓库、运输过程中进行多次检查和核对，因此对物流安全性和可靠性的要求更高。一旦发生货物损失、延误、退货等问题，将涉及更复杂的国际法律法规和多个国家的相关规定。

（六）物流服务质量要求高

跨境电商物流需要满足不同国家和地区的消费者的物流服务需求，因此对物流服务质量的要求更高。例如，消费者通常希望能够实时跟踪订单状态、提供多种物流方式、提供完善的退货和售后服务等。

三、跨境电商物流的发展现状

经过不断地优化和迭代发展，跨境电商物流基本上发展良好，虽然还存在一些不足，但是基本能够满足当下的商务发展需求。

（一）物流需求持续增长

随着全球电商市场的不断扩大，跨境电商物流需求呈现出了显著的增长态势。消费者对于购物体验和物流时效性的要求越来越高，促使企业不断提升物流服务水平。

（二）物流基础设施不断完善

众多国家和地区均致力于物流基础设施建设，以期提升物流运输效率。同时，一些先进的物流技术，如物联网、大数据、人工智能等，已经逐步渗透到跨境电商物流的各个环节。

（三）清关手续日益简化

为促进跨境电商的发展，许多国家和地区都在简化清关手续，提高整体的通关效率。例如，一些国家实施了单一窗口、无纸化通关等措施，减少了清关时间和成本。

（四）物流服务提供商专业化程度提高

随着跨境电商市场的不断扩大，越来越多的专业化物流服务提供商涌现出来。这些提供商具备丰富的行业经验和资源，能够提供定制化的物流解决方案，满足不同企业的需求。例如当前跨境电商的物流模式包括直邮、海外仓、保税仓、国际快递等。不同的物流模式适用于不同的商品类型和贸易场景，企业可以根据自己的需求选择最合适的物流模式。

（五）跨境电商物流面临挑战

1. 物流成本高昂

跨境电商的物流成本相对较高，因为涉及跨境运输、报关、清关等多个环节，需要支付额外的运费、税费等。此外，由于运输距离较长，物流时间也相对较长，对于一些对时效性要求较高的商品，企业需要承担较大的物流风险。

2. 物流信息不透明

跨境电商的物流信息往往不够透明，消费者无法实时查询物流状态和预计送达时间。这不仅影响了消费者的购物体验，也给企业带来了额外的客服压力。

3. 物流基础设施不完善

跨境电商的物流基础设施还存在一定的短板，例如仓储设施不足、配送网络不健全等。这不仅影响了物流效率，也制约了跨境电商的进一步发展。

此外，运输途中货物损失风险大、退货和售后服务难度大、不同国家和地区的法律法规和语言文化差异等方面也给跨境电商物流带来了不小的挑战。

第二节　跨境电商的进出口物流管理

一、跨境电商的进口物流管理

（一）对进口供应链的管理

跨境进口供应链是指将国外（制造）的优质产品，通过跨境电子商务平台，从国外运输到国内的一系列流程。这个过程涉及商流、物流、资金流和信息流等多个方面。

1. 商流

指跨境进口供应链中的交易和流通活动，包括商品的所有权转移、合同关系、贸易条件和交货等。商流涉及与供应商和客户的商业协议、谈判、合同签订等，是跨境进口供应链中的重要组成部分。

2. 物流

指跨境进口供应链中的物品流动，包括运输、仓储、包装、配送等环节。物流是实现商品从供应商到客户转移的关键过程，需要确保商品的安全、完整和及时送达。

3. 资金流

指跨境进口供应链中资金的流动，涉及支付、结算、融资等方面。资金流是跨境进口供应链中实现价值交换的重要手段，需要解决货币汇率差异、支付安全等问题。

4. 信息流

指跨境进口供应链中信息的传递和处理，包括订单处理、物流跟踪、库存管理、信息共享等环节。信息流是跨境进口供应链中实现透明化、可视化的关键因素，能够提高运作效率和降低风险。

总之，商流、物流、资金流和信息流是跨境进口供应链中的核心组成部分，各部分相互关联、相互影响，共同实现跨境进口业务的高效运作。

（二）进口物流管理的主要内容

1. 进口许可证管理

进口许可证是进口物流管理中的重要环节，需要按照国家法律法规和国际贸易规则，办理相关进口许可证的申请和审批手续。

2. 进口报关管理

进口报关是指将进口货物向海关申报，并办理相关手续的过程。需要准备相关单证、资料，并按照海关规定进行申报、缴税等操作。

3. 进口检验检疫管理

进口检验检疫是指对进口货物进行质量、安全、卫生等方面的检验和检疫，确保进口货物符合国家法律法规和相关标准的要求。

4. 进口运输管理

进口运输是指将进口货物从国外运输到国内指定地点的过程。需要选择合适的运输方式、运输路线和运输公司，并合理安排货物的装卸、保管和运输等环节。

5. 进口仓储管理

进口仓储是指将进口货物存放在指定的仓库或场所，并进行保管、保养和安全管理。需要选择合适的仓库、制订仓储计划、进行库存管理等。

6. 进口退货管理

进口退货是指将不符合要求或质量问题的进口货物退回国外供应商或原产地的过程。需要制订退货计划、处理相关单证和资料，并确保退货货物的安全、完整和及时处理。

总的来说，进口物流管理需要遵循国家法律法规和国际贸易规则，确保进口货物的合规性、安全性和完整性。同时，需要优化进口物流流程、降低成本、提高效率，并加强与供应商、海关、检验检疫机构等相关方的沟通和协作。

（三）进口物流管理的流程

1. 需求分析

对市场需求进行调研和分析，了解消费者需求和产品趋势，为供应链管理提供基础数据。

2. 供应商选择与评估

选择具有竞争力的供应商，评估其生产能力、品质保证、价格等方面的表现，确保产品供应的稳定性和可靠性。

3. 采购与订单管理

根据市场需求和销售预测，制定合理的采购计划和订单管理策略，确保采购数量、交货期等符合要求。

4. 物流与运输管理

选择合适的物流渠道和运输方式，确保产品安全、准时地到达目的地。同时，合理安排库存，避免库存积压和浪费。

5. 海关清关与税收管理

了解进口国家的海关清关流程和税收政策，确保按照规定申报、缴纳税费，保证货物顺利通关。

6. 品质检验与风险管理

对进口产品进行品质检验，确保产品符合相关标准和规定。同时，识别和评估潜在风险，采取相应的风险控制措施，降低供应链风险。

7. 信息管理

建立完善的信息管理系统，实现信息共享和协同运作。通过实时掌握供应链中的信息，及时发现和解决潜在问题，提高供应链的透明度和可视性。

8. 持续改进

定期评估供应链的运作状况，发现存在的问题和改进空间，制定相应的改进措施。同时，关注行业动态和供应链发展趋势，不断优化和升级供应链体系。

二、跨境电商的出口物流管理

我国跨境电商的主要出口国有美国、英国、加拿大、澳大利亚、德国、日本、新加坡、泰国、马来西亚、瑞典、新西兰、比利时、荷兰和俄罗斯等。这些国家遍布世界各大洲，跨境电商企业要准时将货物交付给该些买家，这具有较大的挑战性。因此，对出口物流的管理在跨境电商的经营活动中占据重要位置。

（一）对出口供应链的管理

跨境出口供应链是指将产品或服务从国内生产商供应到国外最终消费者的整个过程，包括产品开发、采购、生产、物流、通关、配送和售后服务等环节。具体来说，跨境出口供应链包括以下主要流程。

1. 产品开发与设计

根据国外市场需求和竞争情况，进行产品开发与设计，确保产品符合目标市场的需求。

2. 采购与生产

在国内采购所需的原材料和零部件，组织生产，确保产品质量和生产进度。

3. 出口报关

办理出口报关手续，确保符合海关的各项规定，完成相关单证和资料的准备。

4. 国际物流

选择合适的国际物流服务，包括运输、仓储、装卸等，确保产品能够安全、及时地送达国外目的地。

5. 通关与检验检疫

办理通关手续，包括进口国海关清关、检验检疫等，确保符合目标市场的相关法规和标准。

6. 配送与分销

将产品配送到国外分销商或直接送达最终消费者，建立分销网络，提高市场覆盖率。

7. 售后服务

提供售后服务，解决国外消费者遇到的问题，提高客户满意度。

在整个跨境出口供应链中，企业需要与供应商、物流服务商、分销商等各方建立紧密的合作关系，实现信息共享、协同运作，提高整个供应链的效率和响应速度。同时，企业还需要关注汇率波动、贸易壁垒等风险因素，制定相应的应对措施，降低供应链风险。

（二）出口物流管理的流程

1. 订单处理

接收来自海外买家的订单，进行订单信息核对、确认和系统录入等操作，确保订单信息的准确性。

2. 备货与库存管理

确保有足够的库存满足订单需求，并进行备货、分类和打包等操作，确保商品符合出口要求。

3. 选择适合跨境物流的包装

根据产品的形状、尺寸、重量和易碎程度、运输方式以及客户的要求等，选择合适的包装材料和结构，以确保产品在运输过程中能够安全到达目的地。另外，有些目的地国家的法律法规和标准对包装有特定的要求，因此跨境电商应事先了解这些法律法规，并遵守相关规定，确保产品能够顺利通过海关检验。并且，还应注意环保问题，注意选择可回收、可降解的包装材料，减少对环境的污染。同时，尽量避免使用含有害物质的包装材料。最后，在确保包装安全有效的前提下，选择成本较低、环保的包装材料和结构，以降低物流成本。

4. 物流配送

根据货物数量、体积和目的地等因素，选择合适的包装和物流方式，包括国际快递、空运、海运等，将货物安全准时地送达目的地。

5. 海关清关

协助处理出口报关文件，如商业发票、装箱单、原产地证明等，确保符合进口国海关清关要求。

6. 售后服务

提供退换货、维修等售后服务，解决买家遇到的问题，提升客户满意度。

总之，物流管理是一个闭环的工作，从客户下单，到将货品送到客户的手中，广义而言，整个过程都属于物流的范围。而由于跨境电商面对的是分布在世界各国的客户，因此，其工作的复杂程度可想而知。然而，我国电商的蓬勃快速发展培养出一批批优质的跨境电商经营者，他们高效、成熟的服务得到全世界范围内客户的认可和嘉许。

第三节　基于供应链管理的跨境电商物流一体化

一、跨境电商与国际物流的关系

（一）跨境电商为国际物流带来市场

跨境电商为国际物流带来了巨大的市场机遇。一方面，跨境电商的兴起催生了更多的跨国交易和物流需求。随着跨境电商的快速发展，越来越多的消费者开始通过跨境电商平台购买全球各地的商品，从而为国际物流企业提供了更多的运输、仓储和配送业务。另一方面，跨境电商的兴起也推动了国际物流服务的升级和创新。为满足跨境电商平台对物流服务的高要求，国际物流企业需要提高自身的服务质量和效率。这促使国际物流企业不断改进技术、优化流程、提高信息化水平，推出更加快速、准确、个性化的物流服务。

总之，跨境电商的兴起为国际物流带来了新的发展机遇。国际物流企业需要紧跟跨境电商的发展步伐，加强技术创新和服务升级，以适应市场需求的变化，抓住市场机遇，实现可持续发展。

（二）国际物流是跨境电商的必备条件

首先，国际物流是实现跨境电商交易的重要保障。跨境电商平台上的交易需要将商品从原产地运输到目的地，没有国际物流的支持，交易无法完成。国际物流企业提供运输、仓储、配送等一系列服务，确保商品能够安全、及时地送达消费者手中。

其次，国际物流也是跨境电商提升竞争力的关键因素之一。在跨境电商市场中，消费者选择一个平台的原因除了商品品质和价格外，物流服务也是重要的考量因素之一。快速、准确、高效的物流服务能够提高消费者的满意度和忠诚度，进而提升跨境电商平台的竞争力。

此外，国际物流还能帮助跨境电商降低成本、提高效率。通过优化物流服务、减少中间环节、降低库存等方式，跨境电商企业可以降低运营成本，提高运营效率。同时，国际物流企业也可以通过信息化、智能化等技术手段，提高物流服务的效率和准确性，进一步降低成本。

综上所述，国际物流是跨境电商的必备环节，对于保障交易完成、提升竞争力、降低成本等方面都发挥着重要作用。跨境电商企业需要重视国际物流的管理和优化，与国际物流企业建立紧密的合作关系，共同推动跨境电商的发展。

二、基于供应链管理跨境电商物流一体化的成因

（一）全球化和互联网技术的发展

全球化和互联网技术的发展推动了跨境电商的兴起和发展，为跨境电商物流提供了更广阔的市场和机遇。全球化和互联网技术的发展对跨境电商物流一体化产生了深远的影响。

首先，全球化的发展促进了跨境电商的兴起和发展。全球化使得各国之间的贸易壁垒逐渐减少，商品流通更加自由，为跨境电商的发展提供了广阔的市场和机遇。同时，全球化也推动了物流行业的国际化和专业化发展，为跨境电商物流提供了更高效、更便捷的服务。

其次，互联网技术的发展为跨境电商物流一体化提供了重要的支撑。互联网技术使得信息传递更加快速、准确，为跨境电商物流提供了更好的信息交流和共享平台。同时，互联网技术也推动了物流行业的数字化和智能化发展，提高了物流效率和准确性，降低了物流成本。

此外，全球化和互联网技术的发展还对跨境电商物流一体化的管理提出了更高的要求。全球化和互联网技术的发展使得跨境电商物流涉及的环节更加复杂、多样，需要更加专业、高效的管理团队和技术手段来应对各种挑战和风险。

（二）消费者需求的提高

消费者对购物体验、服务质量等需求的不断提高，是推动跨境电商物流一体化发展的重要因素之一。

首先，消费者对物流服务的要求更加多样化。不同的消费者对物流服务的需求不同，例如，有些消费者希望快速送达，有些消费者更注重价格，有些消费者需要个性化的配送服务等。因此，跨境电商企业需要提供多样化的物流服务，以满足不同消费者的需求。

其次，消费者对物流服务的准确性要求更高。跨境电商物流涉及的环节较多，任何一个环节出现问题都可能影响消费者的购物体验。因此，消费者对物流服务的准确性要求更高，需要跨境电商企业加强物流管理和监控，确保商品能够安全、及时地送达消费者手中。

最后，消费者对售后服务的需求增加。跨境电商的售后服务一直是消费者关注的重点之一。消费者需要方便的退换货渠道和及时的问题解决方式，这需要跨境电商企业建立完善的售后服务体系，提供优质的售后服务。

（三）供应链管理的优化

供应链管理的优化是跨境电商物流一体化发展的关键因素之一。通过优化供应链管理，跨境电商企业可以提高效率、降低成本、增强竞争力，从而更好地满足消费者需求。

第一，优化供应链管理可以提高物流效率。跨境电商物流涉及多个环节，如采购、仓储、配送、清关等，每个环节都有可能影响物流效率。通过优化供应链管理，可以合理规划各个环节，减少冗余和浪费，提高整个供应链的运作效率。

第二，优化供应链管理可以降低成本。在跨境电商领域，物流成本是相对较高的，优化供应链管理可以帮助企业降低库存、减少运输成本、提高装载率等，从而降低整体成本。

第三，优化供应链管理可以提高竞争力。在跨境电商市场中，竞争激烈，企业需要不断提高自身的竞争力。通过优化供应链管理，企业可以更好地掌握市场需求、提高响应速度、满足消费者需求，从而赢得市场。

第四，优化供应链管理可以增强合作伙伴关系。跨境电商物流涉及多个环节和多个合作伙伴，优化供应链管理可以促进企业与供应商、物流服务商等建立更加紧密的合作关系，共同推动整个供应链的发展。

总之，优化供应链管理对跨境电商物流一体化发展具有重要意义。企业应加强对供应链的管理和优化，通过改进流程、提高信息化水平、加强合作伙伴关系等方式，不断提高供应链的效率和竞争力。同时，企业应关注市场需求和消费者需求的变化，及时调整和优化供应链策略，以适应市场的变化和满足消费者的需求。

（四）政策的支持

政策的支持对跨境电商物流一体化的发展起到了至关重要的作用。政策可以创造良好的营商环境，为跨境电商物流的发展提供保障。

一方面，政策的支持可以优化跨境电商的监管环境。例如，政策可以简化通关流程，提高清关效率；制定税收优惠政策，降低跨境电商的税务负担；完善物流基础设施，提升物流效率等。这些政策措施有利于提高跨境电商物流的便利化程度，降低运营成本，提升市场竞争力。

另一方面，政策的支持也可以促进跨境电商物流技术的创新和应用。例如，政策可以鼓励企业加大对物流技术的投入，推动物流信息化、智能化的发展；支持企业研发新的物流技术，提高物流效率和准确性；鼓励企业采用绿色物流技术，推动可持续发展等。这些政策措施有利于提升跨境电商物流的整体水平，推动行业的创新发展。

此外，政策的支持还可以加强跨境电商物流的国际合作。跨境电商物流涉及多个国家和地区，需要加强国际合作和协调。政策可以促进各国之间的贸易谈判和合作，推动国际物流标准的统一和互认，加强跨境物流的安全和风险管理等。这些政策措施有利于加强跨境电商物流的国际合作，提升整个行业的国际竞争力。

（五）国际物流合作

国际物流企业之间的合作和资源共享，推动了跨境电商物流一体化的进程。

首先，国际物流合作能够解决跨境电商中的物流难题。由于国家之间的差异性，跨境电商所面临的物流环境往往更加复杂和烦琐。而国际物流合作能够提供专业的物流服务，协助企业处理物流中的挑战，使货物能够快速、安全地运送到目的地。

其次，国际物流合作能够提升物流效率和降低成本。通过国际物流合作，企业可以充分利用全球的物流资源，实现资源的优化配置。同时，国际物流合作还可以促进物流技术的交流和合作，推动物流信息化、智能化的发展，提高物流效率和降低成本。

此外，国际物流合作还能够促进国际贸易的发展。跨境电商是国际贸易的一种形式，而国际物流合作是跨境电商的重要组成部分。通过国际物流合作，企业可以更好地开拓国际市场，扩大国际贸易的规模和范围。同时，国际物流合作还可以促进各国之间的经济交流和合作，推动全球经济的发展。

第五章
国际贸易发展

国际贸易的发展经历了漫长且复杂的历史过程，随着经济全球化的深入发展和科学技术的不断提升，其发展趋势也在不断变化，尤其是电子商务化，对国际贸易的发展产生了全新的影响。

第一节　国际贸易的产生与发展

一、国际贸易的产生背景

国际贸易的产生与人类历史上三次社会大分工密切相关。第一次社会大分工是畜牧部落从其他部落中分离出来，牲畜的驯养和繁殖使生产力得到了发展，产品开始有了少量剩余。于是在氏族公社之间、部落之间出现了剩余产品的交换，这是最早发生的交换，这种交换是极其原始的偶然的物物交换。随着生产力的继续发展，手工业从农业中分离出来，出现了人类社会第二次大分工。手工业的出现，便产生了直接以交换为目的的商品生产。商品生产和商品交换的不断扩大，产生了货币，商品交换逐渐变成了以货币为媒介的商品流通。随着商品货币关系的发展，产生了专门从事贸易的商人，于是出现了第三次社会大分工。生产力的发展、交换关系的扩大加速了私有制的产生，从而使原始社会日趋瓦解，这就为过渡到奴隶社会打下了基础。在奴隶社会初期，由于阶级矛盾形成了国家。国家出现后，商品交换超出国界，便产生了对外贸易。

二、国际贸易的发展历程

国际贸易的发展历程大致可以分为三个阶段。

（一）初级阶段

这个阶段大约从 15 世纪末到 19 世纪中叶。这个时期的国际贸易主要以欧洲为中心，特别是英国。这一时期深受重商主义思想的影响，同时航海技术的飞速发展和地中海贸易的蓬勃兴起为其提供了坚实的基础。这个阶段也是资本主义的原始积累时期，保护主义政策占据了主导地位。

（二）自由贸易阶段

这个阶段从 19 世纪中叶到 20 世纪 70 年代。这个时期的国际贸易以资本主义为主导。虽然自由贸易政策在这个阶段占据主导地位，但也有一些国家由于发展相对滞后，对这个阶段的国际贸易政策持反对意见。

（三）现代国际贸易阶段

从 20 世纪 70 年代至今，这个阶段国际贸易的发展受到了许多因素的影响，包括全球化和区域经济一体化、跨国公司的崛起、技术进步等。同时，这个阶段的各种贸易政策和措施，如保护主义、自由贸易协定等，在平衡各国利益、促进国际贸易的公平和可持续发展方面也发挥了重要作用。

总的来说，国际贸易的发展历程是一个错综复杂、多因素交织的过程，了解这个过程有助于理解当前国际贸易的现状和未来发展趋势。

三、国际贸易对全球经济发展的影响

（一）推动经济增长

1. 市场扩张与增加销售机会

国际贸易为企业提供了进入全球市场的机会，从而扩大了销售规模。企业能够将产品和服务销售到世界各地，增加收入来源，实现规模经济效益。这种市场扩张刺激了国内生产和就业增长，进而促进经济增长。

2. 资源优化配置与成本降低

国际贸易使得国家能够充分利用自身的资源和技术优势，进口所需的资源和商品，实现资源的优化配置。通过比较优势的发挥，国际贸易可以降低生产成本，提高效率。这种资源优化配置和成本降低有助于提高企业的竞争力和盈利能力，进而推动经济增长。

3. 技术创新和知识转移

国际贸易促进了技术创新和知识转移。企业通过与其他国家的企业进行交流和合作，可以接触到新的技术和管理经验，并借鉴和吸收外国企业的最佳实践。这种技术创新和知识转移有助于提升国内企业的技术水平和创新能力，推动经济结构的升级和产业的转型升级，从而促进经济增长。

4. 资本积累和投资增加

国际贸易通过增加出口收入，为国家提供了更多的资本积累。这些资本可以用于国内投资，促进产业升级、基础设施建设和其他关键领域的发展。通过增加投资，可以推动经济增长和提高生产效率。

5. 国际分工与产业协作

国际贸易促进了国际分工和产业协作。各国可以根据自身的资源和优势，专注于发展具有竞争力的产业，并从其他国家进口其他产品或服务。这种分工和协作有助于实现资源的最优配置和提高全球生产效率，从而促进全球经济增长。

（二）促进技术进步和创新

1. 市场扩大与竞争加剧

国际贸易为企业提供了更广阔的市场，这意味着企业需要面对来自全球各地的竞争者。为保持竞争力，企业要不断改进产品质量、降低成本，并寻求创新。这种竞争压力促使企业加大研发投入，推动技术创新。

2. 技术传播与交流

国际贸易促进了各国之间的技术传播和交流。企业在进行国际贸易时，有机会接触到其他国家的先进技术和创新成果。通过引进、消化、吸收这些技术，企业可以提升自身的技术水平，并在此基础上进行创新。

3. 知识产权保护与合作

国际贸易中的知识产权保护制度为企业提供了创新的保障。通过保护创新成果，企业可以获得一定的市场独占期，从而回收研发成本并获得利润。此外，国际贸易也促进了企业之间的技术合作，共同研发新技术和产品，实现互利共赢。

4. 全球研发资源配置

国际贸易使得企业可以在全球范围内配置研发资源。企业可以根据不同国家和地区的研发优势，选择最合适的地点设立研发中心，从而充分利用全球的创新资源。

5. 人才流动与培养

国际贸易促进了人才的全球流动。企业可以从世界各地吸引优秀人才，为自身的技术创新提供强有力的人才支持。同时，国际贸易也为企业提供了培养人才的平台，通过与国际同行的交流与合作，提升员工的技能水平和创新能力。

综上所述，国际贸易通过竞争加剧、技术传播与交流、知识产权保护与合作、全球研发资源配置，以及人才流动与培养等途径，有力地促进了技术进步和创新，这对于提升国家整体竞争力、推动经济持续健康发展具有重要意义。

（三）提升产业结构和经济结构

1. 提升产业结构

外贸企业通过国际经贸往来能够接触到更多国际市场上的竞争和需

求。这种全球化的商业环境促使企业加大技术创新和产品升级的力度，从而推动产业结构的升级。同时，企业通过国际贸易也可以获得更多的资源和技术支持，有助于提升产业的技术水平和生产效率。这有助于进一步实现产业的转型升级，从低附加值产业向高附加值产业转变。此外，国际贸易还促进了各国之间的产业分工和价值链整合。各国可以根据自身的资源和优势，专注于发展具有竞争力的产业，从而实现产业结构的优化。

2. 提升经济结构

国际贸易有助于调节国内生产要素的利用率，优化经济结构。一方面，企业通过国际贸易可以更加合理地配置资源，提高资源的使用效率，从而实现经济的高效发展。另一方面，国家通过国际贸易可以引进先进的技术和管理经验，推动国内产业的创新和发展。这有助于提升国家整体的经济发展水平，优化经济结构。此外，国际贸易还可以改善国际供需关系，促进国内产业与国际市场的对接。这有助于提升国内产业的国际竞争力，推动经济结构的升级。

总之，国际贸易通过提升产业结构和经济结构，有助于实现经济的持续、健康和高效发展。这对于提升国家整体竞争力和改善民生具有重要意义。

（四）增加就业机会和提高收入水平

1. 增加就业机会

国际贸易为企业提供了更广阔、更多样性、更多元化的市场，从而鼓励企业进行扩张。这种扩张往往伴随着新的工作岗位的创造，为劳动者提供了更多的就业机会。

随着国际贸易的深入，相关联的服务行业也能得到快速发展，如物流、金融、法律咨询等，这些行业也会创造大量的就业机会。此外，国际贸易还促进了创新和技术进步，这也将进一步推动新兴行业的发展，为劳动者提供了更多元化的就业选择。

2. 提高收入水平

国际贸易为企业提供了更多的发展机会，使其能够提供更多且更高质量的产品。这有助于企业提高市场竞争力，进而实现更高的销售额和利润，从而为员工提供更好的薪酬待遇。

随着国际贸易的深化，劳动者的技能水平和素质也得到了提升。这种提升使得劳动者在劳动力市场上具有更高的竞争力，从而有可能获得更高的薪资水平。同时，国际贸易还促进了知识和技术的传播，使得劳动者能够接触到更先进的生产技术和管理经验。这种知识和技能的提升有助于劳动者在职业生涯中实现更高的成就，进而获得更高的收入。

（五）国际贸易可以促进全球化和经济一体化

国际贸易作为全球化和经济一体化的核心引擎，无疑对全球经济的稳定和繁荣起到了至关重要的推动作用。通过参与国际贸易，各国能够加强彼此之间的经济联系和合作，实现资源、技术、市场的优化配置和共享。这种合作不仅促进了商品的流通和服务的提供，也推动了技术创新和产业升级，为全球经济注入了源源不断的活力。然而，正如任何事物都有两面性一样，国际贸易在带来诸多利益的同时，也不可避免地伴随着一些负面影响。贸易不平等是其中一个显著问题。由于不同国家在资源禀赋、产业结构、技术水平等方面存在差异，导致在国际贸易中往往出现某些国家受益较多，而另一些国家则处于不利地位的情况。这种不平等可能加剧贫富差距，影响国际关系的稳定。

与此同时，国际贸易还可能导致资源浪费和环境破坏。随着贸易规模的扩大，对自然资源的开采和利用也不断增加，这可能导致资源的过度消耗和浪费。同时，一些国家在追求经济利益的过程中，可能忽视环境保护，导致环境污染和生态破坏。这些问题不仅影响当地居民的生活质量，也对全球生态环境构成威胁。因此，在推动国际贸易发展的同时，各国必须正视并应对这些挑战。一方面，各国应加强合作，通过谈判和协商，建立公平、合理的贸易规则，减少贸易不平等现象。另一方面，各国应加大对环保和可持续发展的投入，推动绿色贸易和循环经济的发展，实现经济效益和生态效益的双赢。

四、国际贸易的发展趋势

目前，国际贸易的发展趋势呈现出多元化和复杂化的特点，各国需要在开放、包容、合作的基础上，共同应对挑战，推动国际贸易的健康发展。

（一）贸易自由化

国际贸易发展趋势中的贸易自由化是一个显著且重要的特征。贸易自由化意味着国家对外国商品和服务的进口所采取的限制逐步减少，为进口商品和服务提供贸易优惠待遇，主张以市场为主导。这一趋势在多个方面都有所体现，并对全球经济产生了深远的影响。

首先，随着科技的发展，全球各国的生产要素流通更加自由，效率也更高。这使得生产要素能够自动流向最需要、也最有价值的地方，实现了资源的有效配置，提高了全球资源的配置效率和使用率。在这种背景下，国际贸易的对象和主体范围逐渐扩大，不仅局限于实物产品，还拓展到服务、技术、投资等多个方面。同时，参与国际贸易的国家也越来越多，跨国企业如雨后春笋般涌现，进一步推动了国际贸易的自由化。

其次，贸易自由化还促进了全球化的发展。在贸易自由化的推动下，企业开始寻求全球范围内的最佳生产产地、原料产地以及市场。这不仅降低了生产成本，提高了企业的国际竞争力，还使得企业能够更好地分享全球市场，找到最适合自己发展的市场，并扩大在全球市场的占有率。同时，全球化的发展也进一步推动了贸易自由化，两者相互促进，共同推动了全球经济的繁荣与发展。

此外，贸易自由化还促进了区域经济一体化的进程。同一地区的伙伴国家之间通过协议或条约的形式采取共同经济政策，形成排他性经济集团。在这个过程中，贸易壁垒被减弱甚至消除，生产要素趋于自由流动，从而促进了区域内的和谐发展、合作共赢。这种区域经济一体化的发展模式不仅有助于提升区域内的经济效率，还有助于推动全球贸易自由化的进程。

不过需要注意的是，贸易自由化也面临着一些挑战和问题。例如，如何平衡自由贸易与保护本国产业的关系、如何应对贸易自由化带来的不平等和贫困问题、如何确保贸易自由化的可持续发展等。这些问题需要各国政府、企业以及国际组织共同努力，通过制定合理的贸易政策、加强合作与协调等方式来加以解决。

（二）区域经济一体化

区域经济一体化是国际贸易发展中的重要趋势之一，其特点在于不同国家或地区通过协定或条约形式，将彼此的经济活动紧密结合，形成一个超国家性质的经济集团，以实现资源的优化配置和经济的共同发展。

区域经济一体化是全球经济发展到一定阶段的产物。随着全球经济的日益紧密和相互依赖，各国意识到通过加强区域经济合作，可以更有效地应对外部经济冲击，提升整体竞争力。这种合作不仅有助于消除区域内的贸易壁垒，促进商品和服务的自由流通，还能推动区域内的投资、技术、人才等多方面的交流与合作。

通过签署协定或条约，区域内的国家可以共同制定和执行统一的经贸政策，减少贸易争端和摩擦，增强相互之间的信任和合作。这种稳定的经贸关系有助于降低企业的经营风险和成本，提高市场的可预测性和透明度，从而进一步推动贸易和投资活动的发展。区域经济一体化还能促进区域内的产业升级和结构调整。通过加强区域内的经济合作与协调，各国可以共同推动技术创新和产业升级，提高产业的附加值和竞争力。同时，区域经济一体化还能促进区域内的资源优化配置，实现资源的共享和互补，提高整体经济效益。然而，区域经济一体化也面临着一些挑战和问题。例如，如何平衡各国之间的利益诉求、如何确保合作的公平性和可持续性、如何应对外部经济环境的变化等。这些问题需要区域内的国家加强沟通与协调，共同制定和执行合理的政策措施，以确保区域经济一体化的顺利推进。

总之，区域经济一体化是国际贸易发展中的重要趋势之一，它有助于消除贸易壁垒、促进商品和服务的自由流通、形成稳定的经贸关系、推动产业升级和结构调整等。然而，在推进区域经济一体化的过程中，各国需要加强沟通与协调，共同应对挑战和问题，以实现更加稳定和可持续的经济发展。

（三）服务贸易的崛起

服务贸易的崛起是国际贸易发展的显著趋势之一，这一趋势不仅改变了传统贸易的格局，也为全球经济带来了新的增长动力。随着信息技术的迅猛发展和全球化的深入推进，服务贸易的便利性和可及性得到了极大提升。云计算、区块链、物联网等技术的应用，使得跨境服务交流更加方便和高效，推动了服务贸易规模的扩大和质量的提高。此外，跨境电子商务的崛起也为服务贸易提供了新的发展机遇，使得服务供应商能够直接面向全球市场提供服务，消费者也能跨国购买服务。传统上，服务贸易主要集中在旅游、运输等领域，但如今，金融、教育、医疗、咨询等高端服务业也逐渐成为服务贸易的重要组成部分。这些领域的服务贸易不仅具有高附加值和高技术含量的特点，还能有效推动经济结构的转型和创新驱动发展。

随着全球供应链的深入发展，许多企业将服务外包给低成本国家，以降低成本并提高效率。这种全球服务业的分工与合作使得各国企业和服务供应商之间的服务交流更加密切，推动了全球服务业的快速发展。此外，服务贸易的崛起还使得服务业水平成为衡量一个国家综合实力的重要因素。随着经济的全球化和贸易的自由化，服务业的发展水平直接影响到一个国家在全球经济中的地位和竞争力。因此，各国纷纷采取措施提高自己的服务贸易水平，加强相关贸易标准的制定和实施。

然而，服务贸易的崛起也带来了一些挑战和问题。例如，服务贸易涉及到知识产权、数据安全等敏感问题，需要加强国际合作与协调来制定统一的规则和标准。此外，服务贸易的快速发展也对人才、技术等方面提出了更高的要求，需要各国加强相关领域的培养和投入。

（四）电子商务的快速发展

电子商务的快速发展已成为国际贸易发展中不可忽视的重要趋势。随着信息技术的不断进步，电子商务以其独特的优势，正在改变着传统贸易的方式和格局，为国际贸易带来革命性的变革。电子商务打破了传统贸易的时间和空间限制，使得交易更加便捷和高效。

通过互联网平台，买卖双方可以随时随地进行信息交流、产品展示和交易谈判，大大缩短了交易周期，降低了交易成本。同时，电子商务还提供了多种支付方式，使得跨境支付变得更加简单和快速，为国际贸易的结算提供了极大的便利。通过电子商务平台，企业可以更加灵活地调整产品策略和市场策略，满足不同国家和地区消费者的需求。同时，消费者也可以通过电子商务平台直接购买到来自世界各地的商品和服务，享受到更加丰富的选择和个性化的体验。此外，随着大数据、云计算、人工智能等技术的应用，电子商务平台能够实现对交易数据的实时分析和处理，为企业提供更加精准的市场分析和预测。这有助于企业更好地把握市场趋势，制定更加科学的经营策略，提高市场竞争力。

（五）应对气候变化成为新议题

在全球气候变化日益严峻的背景下，应对这一挑战已逐渐成为国际贸易领域的新议题。各国在制定贸易政策时，正愈发注重环境保护和可持续发展的核心要素，积极探索和推动一系列创新机制，如绿色贸易发展制度的完善、绿色贸易标准和认证体系的建立、绿色贸易发展平台的构建以及绿色贸易国际合作机制的拓展。这些努力旨在为绿色贸易的高质量发展提供坚实的基础，并进一步促进全球经济的绿色、低碳和可持续发展。

第二节　国际贸易发展战略

国际贸易发展战略的制定需要考虑多方面因素，包括经济、政治、文化、社会和环境等方面。

一、优化产业结构

国际贸易的发展对优化产业结构具有重要的作用。以下是国际贸易如何促进产业结构优化的几个关键方面。

（一）资源优化配置

国际贸易作为全球经济活动的重要组成部分，通过市场机制和全球范围内的资源配置，为各国提供了发挥自身比较优势、发展产业的广阔舞台。在这一过程中，各国能够根据自身的资源禀赋、技术水平、劳动力成本等因素，选择具有竞争力的产业进行发展，实现资源的优化配置和高效利用。

① 在全球市场中，各国拥有不同的资源和技术优势，通过进口贸易活动，外贸企业可以获取到更为丰富、更为优质的资源和技术支持，从而降低成本、提升产品质量和技术水平，推动产业升级和转型。

② 通过出口贸易活动，外贸企业可以开拓更广阔的市场，提高产品的知名度和影响力，增加销售额和利润。同时，外汇收入的获得也可以为外贸企业带来更多的资金支持，用于研发、生产、营销等方面的投入，推动外贸企业的持续发展。

（二）产业关联效应

国际贸易的发展不仅极大地推动了直接涉足贸易领域的产业向前跃进，还通过产业关联效应带动了相关产业的发展。具体而言，当一个产业得到显著发展时，它往往会牵引上游原材料供应商的技术创新和服务升级，同时也促进下游分销商的市场开拓和业务拓展，从而形成了一条紧密相连、协同发展的产业链，进而构筑起一个具有显著集群效应的产业集群。这种由产业间相互渗透、相互支撑所形成的关联效应，不仅有助于产业结构的进一步优化和升级，更是提升整体经济竞争实力、实现可持续发展的关键驱动力。

（三）政策引导与支持

政府在国际贸易中担任着举足轻重的引导者和支持者角色。政府可以通过制定相关政策和措施，鼓励企业参与国际贸易，促进产业结构的优化和升级。例如，政府可以提供出口退税、税收优惠等政策措施，有效降低企业出口成本，进一步增强企业出口竞争力。同时，政府还可以加大对新兴产业和高技术产业的支持力度，推动产业结构的深度转型与全面升级。

二、推动创新驱动

（一）竞争压力与创新动力

国际贸易为外贸企业提供了全球竞争的平台，使外贸企业面临来自全球各地的竞争对手。这种竞争压力的加剧逐渐让外贸企业意识到仅仅依靠低成本和低价格已经难以维持竞争优势，从而促使外贸企业加大研发投入，推动技术创新和产品升级，提高产品的技术含量和附加值。这种转型不仅有助于优化产业结构，还能够提高外贸企业的盈利能力和可持续发展能力。

（二）技术引进与创新

国际贸易的开展可以为各国外贸企业提供接触和引进国外先进技术与管理经验的宝贵机会，这对外贸企业而言具有深远的战略意义。

① 通过国际贸易，外贸企业能够引进国外先进的技术设备、生产工艺和研发成果。这些技术的引入不仅能够提高外贸企业的生产效率，降低生产成本，还能够为外贸企业带来产品质量的显著提升和市场竞争力的增强。

②国际贸易还为外贸企业提供了学习国外先进管理经验的平台。国外企业在长期的市场竞争中积累了丰富的管理经验和成功案例，通过学习和借鉴这些经验，外贸企业可以优化自身的组织结构、管理流程和决策机制，提高自身的运营效率和响应速度，增强自身的抗风险能力和市场竞争力。

（三）国际合作与知识共享

国际贸易促进了外贸企业之间的国际合作和知识共享。外贸企业可以通过与国际同行开展研发合作、技术交流和人才培养等方式，共同推动技术创新和产业升级。这种国际合作和知识共享有助于拓宽外贸企业的创新视野，获取更多的创新资源和灵感。

（四）市场需求与产品创新

国际贸易的发展扩大了市场需求，为外贸企业提供了更多的创新机会。外贸企业可以通过分析国际市场的需求趋势和消费者偏好，开发符合国际市场需求的创新产品；并且国际市场的开拓还有助于外贸企业分散市场风险，提高经营稳定性。同时，政府可以通过提供研发资金支持、税收优惠和知识产权保护等政策和措施，降低企业创新成本，鼓励企业加大研发投入，推动技术创新和产业升级。

三、加强区域经济一体化

国际贸易的发展通过加强区域经济一体化，为各国提供了更大的合作空间和发展机遇。区域经济一体化有助于促进贸易自由化、投资便利化和技术创新，从而推动全球经济的增长和繁荣。

（一）消除贸易壁垒

区域经济一体化通过减少或消除关税和非关税壁垒，促进成员国之间的贸易自由化。这一变革有助于扩大市场规模，增加贸易流量，提高经济效益。在这样一个开放、合作的经济框架内，成员国之间可以更加便利地进行贸易往来，成本得以有效降低，而竞争力的提升则进一步推动了经济的增长。

（二）促进投资便利化

区域经济一体化不仅加强了成员国之间的经贸联系，更在投资领域展现出了巨大的潜力。通过推行一系列有力措施，如精简审批流程、降低投资准入标准，以及强化投资保护机制，能够成功吸引众多国际投资者的目光。这些举措不仅为成员国带来了更为广阔的投资机会，更激发了产业升级和技术创新的活力。

（三）加强技术创新与合作

区域经济一体化为成员国提供了一个加强技术创新和合作的平台。在这一平台上，成员国可以通过共同研发项目、技术转移合作以及人才培养与交流等多元化途径，深入推动技术创新和产业结构的优化升级。这不仅有助于提高成员国的整体技术水平和竞争力，而且有效促进了经济增长，为实现可持续发展奠定了坚实的基础。

（四）与全球贸易体系相协调

区域经济一体化的发展也需要与全球贸易体系相协调。通过参与全球经济治理和国际贸易谈判，推动区域经济一体化与全球贸易体系的融合和发展。这有助于维护多边贸易体制的稳定性和可持续性，促进全球经济的繁荣和发展。

总之，国际贸易的发展通过加强区域经济一体化，为各国提供了更大的合作空间和发展机遇。通过消除贸易壁垒、促进投资便利化、加强技术创新与合作以及促进区域经济一体化与全球贸易体系相协调等方式，推动全球经济的增长和繁荣。这对于实现全球经济的可持续发展和构建人类命运共同体具有重要意义。

四、深化对外开放

国际贸易的发展需要不断深化对外开放，这既是推动全球贸易自由化和经济一体化的重要途径，也是各国实现经济高质量发展和增强国际竞争力的必然要求。

（一）扩大市场准入

深化对外开放首先需要扩大市场准入，降低外资进入门槛。这包括减少关税和非关税壁垒，简化审批程序，提高国民待遇等。通过扩大市场准入，可以吸引更多的外国投资和技术转让，从而促进国内产业结构的升级与技术的创新。

（二）加强国际合作

深化对外开放需要积极参与国际经济合作和治理体系改革。通过加强与其他国家的贸易和投资合作，共同应对全球性挑战，促进全球贸易自由化和经济一体化。同时，也需要积极参与国际贸易规则的制定和改革，维护多边贸易体制的稳定性和公平性。

（三）优化营商环境

为更深入地推动对外开放，就必须坚持不懈地优化营商环境，切实提升政策的透明度和可预见性。这包括简化行政审批程序、强化知识产权保护、提高政府服务效率等。通过这些措施，可以吸引更多外资的注入和人才的加盟，进而为国内经济注入新的活力，推动其创新与持续健康发展。

（四）推动制度型开放

在深化对外开放的过程中，必须坚定不移地推动制度型开放，以此作为引领和支撑。这主要包括加强与国际通行经贸规则对接、推动国内制度改革和创新、提高国内市场的开放度和竞争力等三个方面。通过这一系列的制度型开放举措，可以进一步促进国内外市场的深度融合，实现互利共赢。

（五）加强风险防控

在深入推进对外开放战略的同时，必须同样致力于强化风险防控，以确保国家经济的稳固与安全。这包括加强对外资的监管和风险防范，建立健全风险预警系统和应对机制。通过这些措施，保障国内产业的健康发展和国家经济的稳健增长。

五、提升贸易便利化水平

国际贸易的发展中，提升贸易便利化水平是一个至关重要的方面。贸易便利化旨在简化和协调国际贸易程序，降低交易成本，提高效率，从而为各国创造更加开放、透明和可预测的贸易环境。

（一）简化海关程序

提升贸易便利化水平是一项系统性的工程，其中简化海关程序是至关重要的一环。通过实施电子化报关、无纸化通关、智能风险管理等措施，能够有效简化海关程序，提高通关速度，降低外贸企业生产经营成本，进而提升贸易效率，增强国际贸易的竞争力。

1. 推行电子化、无纸化通关

随着信息技术的快速发展，电子化、无纸化通关已成为提升贸易便利化的重要手段。通过推行电子报关、电子缴税、电子放行等措施，实现海关业务全流程的电子化操作，减少纸质单证的使用，可以大大简化通关流程，缩短通关时间。

2. 优化海关查验程序

海关查验是确保贸易安全的重要环节，但过多的查验也会增加企业成本和通关时间。因此，应优化海关查验程序，采用风险评估、智能识别等先进技术，对高风险货物进行精准查验，降低低风险货物的查验率，提高通关效率。

3. 推广预裁定制度

预裁定制度允许企业在货物进出口前向海关提交相关信息，海关提前对货物的归类、价格、原产地等进行裁定。这样，企业在货物实际进出口时就能快速通关，避免了因信息不明确导致的通关延误。

4. 加强国际合作与信息共享

国际贸易涉及多个国家和地区，加强国际合作与信息共享是提升贸易便利化的关键。各国海关应加强沟通与合作，共同推动海关程序的简化和标准化。同时，通过建立信息共享机制，实现海关数据的实时交换和验证，提高通关效率。

5. 加强培训与宣传

简化海关程序不仅需要海关部门的努力，还需要企业的配合与支持。因此，应加强对企业的培训和宣传，提高企业对海关政策、程序的理解和掌握程度，帮助企业更好地利用简化后的海关程序进行贸易活动。

（二）加强基础设施建设

加强基础设施建设是提升贸易便利化水平的重要一环。完善的基础设施能够有效降低货物流通成本，提高经营效率，从而进一步强化贸易竞争优势。以下是一些加强基础设施建设有效途径。

1. 提升交通网络连通性

应加大投资力度，完善公路、铁路、航空和水运等交通网络，特别是加强跨国、跨地区的交通基础设施建设和运营，提高运输能力和效率。例如，增设和联通高速公路、高速铁路和现代化港口，以及优化航线网络，提升多类型交通方式的运输能力。

2. 完善口岸和物流设施

口岸和物流设施是贸易便利化的重要节点。应加大口岸建设力度，提升口岸通关效率，降低通关成本。同时，加强物流设施建设，包括仓库、分拨中心、配送中心等，提高物流服务的专业化和规模化水平。

3. 推动信息基础设施建设

信息技术在贸易便利化中发挥着越来越重要的作用。因此，应加强信息基础设施建设，包括建设和完善电子商务平台、电子支付系统、物流信息系统等，提高贸易活动的信息化水平。通过推动贸易信息的数字化、网络化，可以实现贸易流程的自动化和智能化，提高贸易效率。

4. 注重绿色和可持续发展

在加强基础设施建设的过程中，应注重绿色和可持续发展。采用环保材料和节能技术，推动绿色交通和绿色物流的发展。同时，加强基础设施的维护和管理，确保其长期稳定运行，为贸易便利化提供持续的支持。

（三）实施单一窗口制度

1. 单一窗口制度的概念与优势

单一窗口制度是指国际贸易中的各方通过一个统一的平台提交所需的单证、数据和信息，以完成进出口货物的各项手续。这种制度能够简化贸易流程，减少企业多头申报、重复申报的麻烦，降低经营成本，提高运作效率。同时，单一窗口制度还有助于实现政府部门之间的信息共享，提高监管效率，减少腐败风险。

2. 实施单一窗口制度的关键步骤

（1）建设统一的平台

政府需要投入资源建设一个功能完善、操作简便的单一窗口平台，确保企业能够方便地提交所需的信息和数据。

（2）整合政府部门资源

单一窗口制度需要多个政府部门的协作与支持。因此，政府需要协调各部门之间的关系，整合资源，确保信息的顺畅流通和共享。

（3）制定统一的标准和规则

为确保单一窗口制度的顺利实施，政府需要制定统一的数据格式、提交标准等规则，确保企业能够按照要求提交信息。

（4）加强宣传和培训

政府需要加强对企业的宣传和培训，提高企业对单一窗口制度的认知度和使用意愿，确保制度能够得到有效推广和应用。

3. 实施单一窗口制度的成效与挑战

实施单一窗口制度有助于优化贸易环境，能够显著提高贸易便利化水平，进一步提升贸易竞争力。然而，在实施过程中也会面临一些挑战，如技术难题、部门协调问题等。因此，政府需要持续关注制度运行情况，及时解决问题，确保制度能够发挥最大效用。

4. 案例分析

一些国家和地区已经成功实施了单一窗口制度，并取得了显著成效。例如，新加坡的 TradeNet 系统就是一个典型的单一窗口平台，它整合了海关、税务、检疫等多个部门的信息资源，实现了贸易流程的自动化和智能化。这些成功案例为其他国家实施单一窗口制度提供了有益的借鉴和参考。

（四）提高政策透明度和可预测性

1. 政策透明度与可预测性的重要性

政策透明度和可预测性对于国际贸易至关重要。对于企业而言，清晰的政策导向和稳定的市场预期能够有效减少贸易过程中的不确定性，能够帮助其更好地规划生产和经营，减少因政策变动带来的风险和损失。同时，透明度高的政策环境还能够给企业提供安全可靠的经营保障，增强投资者的信心，吸引更多的外资进入市场，推动国际贸易的发展。例如，新加坡政府通过建立完善的法律体系和公开透明的政策环境，吸引了大量外资进入市场，推动了国际贸易的繁荣。

2. 提高政策透明度的措施

（1）公开政策信息

政府应及时、全面地公开与贸易相关的政策信息，包括进出口政策、关税税率、非关税措施等。通过官方网站、新闻媒体等渠道，确保企业能够便捷地获取相关信息。

（2）建立咨询机制

政府可以设立专门的咨询机构或热线，为企业提供政策咨询和解答服务。这有助于企业更好地理解政策内容，避免因误解或不清楚政策而导致的损失。

（3）简化审批程序

政府应简化审批程序，减少审批环节和时间，提高审批效率。同时，加强审批过程的透明度，确保审批结果的公正性和可预测性。

3. 提高政策可预测性的方法

（1）稳定政策环境

政府应尽量避免频繁调整贸易政策，保持政策的稳定性和连续性。如需调整政策，应提前进行充分的研究和论证，确保政策的合理性和可行性。

（2）建立预警机制

政府可以建立贸易政策预警机制，及时监测和分析国际贸易形势和政策变化，为企业提供预警信息，帮助企业提前应对潜在风险。

（3）加强国际合作

政府应加强与其他国家和地区的合作，共同推动贸易政策的协调和统一。通过签署贸易协定、建立自由贸易区等方式，降低贸易壁垒，提高贸易自由化水平。

六、应对气候变化

（一）促进绿色贸易和可持续发展

1. 绿色产品认证

推动建立国际认可且具有权威性的绿色产品认证体系，并进一步激励生产者和出口商投身于环境友好型商品研发与市场拓展。

2. 绿色技术和服务

推动环保技术的国际贸易交流，特别是在清洁能源、高效节能设备，以及先进的废物处理技术等领域，旨在通过广泛合作实现技术革新与环保共赢。

3. 可持续发展标准

推动国际贸易中可持续发展标准的广泛应用，确保所有产品和服务均符合环保要求。

（二）减少贸易活动中的碳排放

1. 低碳运输

鼓励使用那些碳排放量较低的运输方式，比如高效节能的铁路运输和环保的水路运输，以此来显著减少航空和公路运输所带来的碳排放量。

2. 能源效率提升

应致力提高贸易活动中使用的能源效率，通过技术创新和管理优化，有效减少能源消耗，进而降低温室气体排放。

3. 碳排放权交易

积极参与国际碳排放权交易市场，借助市场机制的力量，有效减少温室气体的排放。

（三）加强国际合作与政策协调

积极参与全球气候治理，履行国际气候协议和承诺，如《巴黎协定》。

1. 技术合作与转让

推动国际在环保技术领域的合作与转让，帮助发展中国家提高应对气候变化的能力。

2. 资金支持

为发展中国家提供资金支持，帮助其应对气候变化带来的挑战，如适应基金和气候融资。

（四）促进贸易与气候政策的融合

确保贸易政策与气候变化政策之间的协同，避免政策冲突带来的负面影响。

1. 风险评估与应对

对气候变化对国际贸易的影响进行风险评估，制定应对策略，确保贸易的稳定性和可持续性。

2. 能力建设

加强发展中国家在应对气候变化和国际贸易方面的能力建设，提高其适应和应对能力。

第三节　国际贸易的电子商务化

一、国际贸易电子商务化的必然性

（一）全球化和信息化趋势

随着全球化的深入发展，国际贸易的规模和范围不断扩大，同时信息技术的快速发展使得信息传播更加迅速和广泛。在这种背景下，电子商务作为一种新型的商业模式，凭借其独特的数字化和网络化的特性，能够快速、高效地进行国际贸易活动，符合全球化和信息化的发展趋势。

（二）降低成本和提高效率

电子商务能够大幅度降低国际贸易中的交易成本、时间成本和物流成本等，显著提高交易的整体效率。通过电子商务平台，外贸企业可以更加便捷地获取贸易信息、寻找合作伙伴、完成交易等，从而降低运营成本、提高盈利能力。

（三）扩大市场和增加商机

电子商务打破了地理和时间的限制，使得外贸企业能够更加便捷地进入国际市场，扩大市场份额。同时，电子商务平台上的信息透明化和共享性，为外贸企业提供了一个开放、平等的竞争环境，使得外贸企业能够更加容易地获取商机，更加高效地开拓新的市场领域。

（四）提高竞争力和创新力

电子商务能够促使外贸企业进行技术创新、管理创新和商业模式创新等，提高企业的竞争力和创新力。通过电子商务平台，外贸企业可以更加便捷地获取新知识、新技术和新模式，从而推动企业的转型升级和持续发展。

二、国际贸易电子商务化面临的挑战

（一）跨国物流问题

在跨境贸易中，由于涉及不同国家和地区之间的货物运输，这使得跨国物流成为贸易是否能够顺利开展的一大挑战。这一过程所包括的运输时间、运输成本、运输过程中的风险和损失等要素都需要考虑。而且到目前为止，还很难出现一种物流方式可以同时兼顾速度和成本的优势，估计在未来很长一段时间内，这都是所有跨境电商企业要共同面对的困难。

（二）支付和货币转换问题

由于不同国家和地区的货币体系不同，跨境支付的复杂性较高。同时，货币汇率的波动以及跨境支付的风险也使得支付过程变得复杂和具有风险。尤其在经济动荡不安的周期，货币汇率波动幅度提升，使跨境电商企业的运营始终难以规避汇率波动带来的风险。比如，近两年来，日元和英镑的波动幅度较大，而跨境电商经营中，客户的支付在下单一刻就是确定的，很多情况是客户今天下单，在电商还未来得及发货之前汇率又有了新的变化，这就对跨境电商企业的经营带来很大的影响。

（三）法律问题

不同国家和地区的法律法规存在差异，如何合规地进行跨境电子商务活动是一个重要的问题。这包括贸易政策、税收政策、消费者权益保护等法律法规都需要慎重考虑。这些法律相关的问题非常复杂，对于大部分中小跨境电商企业而言，是不可逾越的难题。它们没有实力聘请专门的法律团队，研究不同国家和地区的法律法规和政策，因此在经营过程中难免会缩手缩脚，不敢采取激进的扩张和营销方式。

（四）文化差异问题

不同国家和地区的文化背景、消费习惯和价值观等方面都存在较大的差异，这都将在一定程度上会影响跨境电子商务活动的顺利进行。如何理解和适应不同国家和地区的文化差异，是跨境电商企业需要考虑的问题。但是对于那些中小型跨境电商企业，它们没有足够的实力面向不同文化市场进行有针对性的产品营销，或者根据市场文化特点制定相应的销售策略，只能一点点地熟悉和了解不同文化带给市场的影响，进而逐步调整贸易策略。

第四节　跨境电商时代国际贸易发展特征与方向

一、跨境电商时代国际贸易发展特征

（一）自由化

1. 多边化趋势

传统的国际贸易主要呈现为双边贸易的形式，而跨境电商则通过多边的交易平台，实现了与不同国家和地区间的直接贸易。这种多边化的趋势使得贸易更加灵活和多样化，推动了国际贸易的自由化进程。

2. 信息透明度提高

跨境电商平台通常具备高度的信息透明度，使得买家和卖家能够更方便地获取和比较产品信息、价格、质量等关键信息。这不仅有助于消费者做出更明智的购买决策，还促进了市场竞争，推动了贸易的自由化。

3. 降低市场准入门槛

跨境电商的兴起降低了传统国际贸易的市场准入门槛。通过电子商务平台，中小企业和个人也能够参与到国际贸易中，从而扩大了市场的参与度和竞争性。这种降低市场准入门槛的趋势有助于推动国际贸易的自由化。

4. 交易效率提升

跨境电商通过电子化的交易方式，简化了交易流程，缩短了交易周期，提高了交易效率。这使得买家和卖家能够更快地达成交易，促进了贸易的自由化和便利化。

5. 个性化需求满足

跨境电商平台通常具备丰富的产品种类和个性化的定制服务，能够满足消费者多样化的需求。这种满足个性化需求的能力有助于推动国际贸易的自由化，使得消费者能够更加方便地购买到心仪的产品。

（二）多元化

1. 产品多样化

跨境电商平台汇聚了来自全球各地的商品，无论是传统商品还是新兴产品，无论是奢侈品还是日常用品，消费者都能够通过跨境电商平台更加便捷地购买。

2. 市场多元化

跨境电商打破了地理限制，使得商家可以更加便捷地进入不同国家和地区的市场。商家可以根据不同市场的需求和特点，调整自己的产品策略和市场策略，从而实现市场的多元化拓展。

3. 交易模式创新

跨境电商时代，交易模式也在不断创新。除了传统的 B2B、B2C、C2C

等模式外，还出现了社交电商、直播电商等新型交易模式。这些创新的交易模式为商家提供了更多的销售渠道和营销手段，同时也为消费者带来了更加丰富的购物体验。

4. 支付和结算方式多元化

随着跨境电商的发展，支付和结算方式也在不断创新和多元化。除了传统的信用卡支付、银行转账等方式外，还出现了多种电子支付方式，如支付宝、微信支付等。这些多元化的支付和结算方式为消费者提供了更加便捷和安全的支付体验。

5. 服务多元化

跨境电商平台不仅提供商品交易服务，还提供了一系列与之相关的服务，如物流、售后、金融等。这些多元化的服务满足了消费者多样化的需求，提高了消费者的购物体验和满意度。

（三）网络化

1. 全球网络互联

跨境电商通过互联网平台，将全球各地的买家和卖家紧密地连接在一起，形成了一个全球性的贸易网络。这个网络超越了传统的地理边界，使得商家可以更加便捷地进入国际市场，消费者也可以更加方便地购买到全球各地的商品。

2. 信息流动迅速

在跨境电商时代，信息流动的速度得到了极大的提升。通过互联网平台，商家可以及时获取全球市场的动态、消费者的需求变化以及竞争对手的情况等关键信息。同时，消费者也可以更加方便地获取商品信息、价格比较，以及购物攻略等，能够做出更加符合自身的消费决策。

3. 交易流程电子化

跨境电商时代的国际贸易交易流程更加电子化。通过互联网平台，商家和消费者可以实现在线浏览商品、下单、支付、物流跟踪等全程电子化的交易流程。这不仅提高了交易的效率和便捷性，还降低了交易成本，推动了贸易的自由化和便利化。

4. 市场参与度高

跨境电商通过互联网平台汇聚了全球各地的商家和消费者，使得市场的参与度得到了极大的提升。一方面商家可以通过电商平台接触、挖掘到更多的潜在客户；另一方面消费者也可以更加方便地购买到心仪的商品。这种高市场参与度的特点有助于推动国际贸易的自由化和多元化发展。

5. 供应链协同化

在跨境电商时代，供应链的协同化也得到了加强。通过互联网平台，商家可以更加便捷地与供应商、物流服务商等合作伙伴进行协同合作，实现供应链的优化和高效运作。这种协同化的供应链管理模式有助于降低运营成本、提高运营效率，从而推动国际贸易的发展。

二、跨境电商时代国际贸易发展方向

（一）全球化与区域化并行发展

随着全球化的推进，跨境电商将进一步凸显国际贸易的全球化特征。

与此同时，区域化也将成为重要的发展方向，特别是在经济一体化和自由贸易区建设的双重推动下，区域内的跨境电商合作正逐步走向深化与紧密。

（二）数字化与智能化升级

跨境电商正迎来数字化转型的新浪潮，这股浪潮以人工智能、大数据和物联网等为驱动，引领着行业的深度变革。通过整合这些先进技术，跨境电商将显著提升交易效率，优化供应链管理，以及实现个性化营销等。

（三）绿色与可持续发展

随着全球环保意识的提升，绿色和可持续发展将成为跨境电商的重要方向。跨境电商将更加注重环保和可持续发展，推广绿色产品和绿色供应链，降低碳排放和缓解环境污染。

（四）服务化与个性化趋势

跨境电商将不再局限于传统的商品交易范畴，而是向着服务化方向发展，它将提供包括金融、物流、售后等一系列增值服务。同时，随着消费者对个性化需求的增加，跨境电商将更加注重个性化定制和个性化服务的提供，致力于满足每一个消费者的独特需求。

（五）监管规范化与风险防范

随着跨境电商的高速发展，各国政府将进一步加强对跨境电商的监管力度，构建更为完善、更为严谨的法律法规体系，从而有效防范潜在风险，确保交易过程的公平性和透明性，保障消费者权益。

（六）跨境电商与产业融合

跨境电商将与制造业、物流业、金融业等产业深度融合，形成更加完整的产业链和生态圈。这种跨产业的融合将极大促进国际贸易的蓬勃发展，为全球经济注入新的活力。

第六章
跨境电商发展对我国出口贸易的影响

跨境电商与进出口贸易有着紧密的关联。自跨境电商在我国蓬勃发展以来，其对我国外贸出口额的影响是显而易见的。

第一节　我国出口贸易及跨境电商发展现状分析

依托健全、完善的生产制造业绝对优势，我国的跨境电商迎来了强劲的发展势头，并且给出口贸易带来历史性的发展机遇。

一、我国出口贸易的发展现状

（一）我国出口贸易的规模

目前，我国已跃升为世界第一大货物贸易国和第二大服务贸易国。我国对外贸易整体情况呈现稳定发展、越来越好的态势，贸易规模节节攀升，企业效益不断增加，外贸对经济的影响逐步增强。据海关总署统计，2023

年，我国进出口总值达到了惊人的 41.76 万亿元，同比增长 0.2%。其中，出口 23.77 万亿元，同比增长 0.6%，不仅在高基数上再创新高，增长动能也得到质的有效提升。这一数据充分展现了 2023 年我国进出口规模的稳健增长与发展质量的持续优化。这也意味着我国外贸的综合竞争优势仍然显著。

当前，我国继续坚持高质量发展的经济建设思想，国内产业结构不断改善，消费活力逐渐激发。同时，由于传统的国际贸易形式受到冲击，数字经济优势尚未完全确立。受政治、经济、生态环境和疫情的影响，世界局势更加多变、不确定性增加，我国面临的国际贸易形势更加复杂。而跨境电商的持续健康发展，引起了世界贸易形式变革，同时也给传统国际贸易带来了巨大的冲击和机遇，这一新兴外贸方式，有助于长期拉动我国国际贸易稳定增长。

同时，我国出口贸易在稳中求质的过程中，表现出色，不仅保持了稳定的增长，而且还在产品质量、服务水平、市场多元化等方面取得了显著进展。

首先，我国出口贸易保持稳定增长。尽管面临全球经济形势的不确定性，但我国出口依然保持了一定的增长势头。这得益于我国经济的强大韧性和政府采取的一系列稳外贸政策措施。例如，通过优化出口退税政策、提高出口信用保险覆盖率等，为我国出口贸易企业提供了有力支持。

其次，我国出口产品质量不断提升。随着我国经济结构的优化和产业升级，出口产品逐渐向高技术、高质量、高附加值方向转变。许多外贸企业加大了研发投入，提高了产品的技术含量和附加值，使我国出口产品在国际市场上更具竞争力。

此外，我国出口服务水平也在不断提升。为了更好地满足国际市场需求，我国出口贸易企业不断改进服务流程，提高服务质量。例如，加强售后服务、提高物流配送效率等，为我国出口产品赢得了更多客户的信任和好评。

（二）我国出口贸易的结构现状

我国出口贸易的结构可以从多个方面进行分析，这主要包括商品结构、区域结构、方式结构等。

1. 商品结构

我国的出口贸易商品结构随着经济的发展和产业结构的升级而逐步优化。一方面，随着我国制造业向高端化、智能化方向的不断推进，出口商品逐渐由低附加值的初级产品向高附加值的工业制成品转变。例如，传统劳动密集型产品如纺织品、玩具等比重逐渐下降，而高技术含量、高附加值的产品如电子产品、机械设备等比重逐渐上升。这些产品在国际市场上的竞争力不断增强，成为我国出口贸易的重要增长点。另一方面，我国出口贸易逐步实现了由数量扩张向质量效益的转变。这主要体现在出口商品的质量、品牌、服务等方面。许多外贸企业加大了研发投入，提高了产品的技术含量和附加值，同时注重品牌建设和售后服务，提升了出口商品的整体竞争力。总之，我国出口贸易商品结构的逐步优化是我国经济持续发展和产业结构不断升级的重要体现。未来，随着我国经济的进一步发展和政府政策的持续支持，我国出口贸易商品结构有望继续保持优化趋势，并推动我国出口贸易实现更高质量的发展。

2. 区域结构

我国的出口贸易区域结构呈现出多元化的特点。过去，我国出口主要依赖少数几个市场。但现在，我国与世界各国的贸易往来不断增加，出口市场已经遍布全球，特别是与发达国家和发展中国家之间的贸易合作日益紧密。例如，亚洲地区，特别是东盟、日本和韩国，一直是中国的重要贸易伙伴；在欧洲，欧盟成员国如德国、英国、法国和荷兰等是中国的主要贸易对象；在北美洲，美国和加拿大是中国的两大主要贸易伙伴；近年来，中国与非洲和拉丁美洲的贸易也在稳步增长。区域结构的多元化这不仅有助于降低出口贸易风险，还可以为我国出口贸易企业提供更广阔的发展空间。同时，我国积极参与区域经济一体化进程，与多个国家和地区建立了自由贸易区或签署了贸易协定，促进了贸易的便利化和自由化。

3. 方式结构

除了传统的一般贸易方式外，加工贸易在我国国际贸易中占有重要地位。加工贸易是指外贸企业进口原材料、零部件等，在国内进行加工、组装后再出口。这种贸易方式有利于利用国外的资源和市场，提高国内产业的附加值和技术水平。同时，随着跨境电商的快速发展，我国的国际贸易方式也在不断创新和多样化。

需要注意的是，我国出口贸易的结构是动态变化的，受到多种因素的影响，包括国内产业结构、国际市场需求、贸易政策等。因此，我国需要不断调整和优化国际贸易结构，以适应全球经济形势的变化和自身发展的需要。

二、我国跨境电商的发展现状

（一）我国跨境电商产业链现状

我国跨境电商产业链主要包括上游供应商、中游跨境电商平台以及下游消费者等环节，各环节中还涵盖一系列的支持服务商。

上游供应商主要包括零售商和品牌商，他们提供各类商品以满足市场需求。中游跨境电商平台是产业链的核心，主要分为 B2B（企业对企业）和 B2C（企业对消费者）两种模式。在 B2B 领域，代表性的平台有阿里巴巴国际站、环球资源等；在 B2C 领域，则有亚马逊、全球速卖通、eBay 等平台。这些平台为供应商和消费者之间搭建了一个桥梁，促进了商品的跨境交易。下游消费者则是整个产业链的终端，他们的需求和购买行为直接影响着跨境电商的发展。随着消费者对海外商品的需求不断增长，跨境电商市场也呈现出蓬勃发展的态势。

除了这些主要环节外，跨境电商产业链中还包括一系列的支持服务商。物流服务商负责商品的运输和配送，支付服务商提供安全便捷的支付解决方案，跨境金融服务商则提供融资、保险等金融服务，保税仓储和导购返利平台等也为跨境电商的发展提供了有力支持。

近年来，我国跨境电商行业受到各级政府的高度重视和国家产业政策的重点支持。多项政策的出台为跨境电商行业的发展提供了明确、广阔的市场前景，为企业提供了良好的生产经营环境。这也进一步推动了我国跨境电商产业链的完善和成熟。总的来说，我国跨境电商产业链已经形成了一个相对完整、成熟的体系，各个环节之间相互依存、相互促进，共同推动跨境电商行业的持续健康发展（图 6-1）。

图 6-1　中国跨境电商产业链图谱①

---

① 资料来源：电子商务研究中心、行云跨境电商研究院。

（二）我国跨境电商市场规模现状

中央经济工作会议明确指出，我国应加速培育外贸新动能，稳固外贸外资的基础地位，并努力拓展中间品贸易、服务贸易、数字贸易以及跨境电商出口等多个领域。近年来，跨境电商以其迅猛的发展速度、巨大的潜力，以及强大的带动作用，成为外贸领域中的一股新兴力量，展现出强大的市场活力和增长韧性，为外贸领域注入了新的活力。

海关总署的相关数据显示，2022 年我国跨境电商进出口规模首次超过 2 万亿元，达到 2.1 万亿元，比 2021 年增长 7.1%。2023 年我国跨境电商进出口总额达到了惊人的 2.38 万亿元，同比增长了 15.6%（图 6-2）。在这一数据中，出口额为 1.83 万亿元，增长率高达 19.6%，而进口额为 5 483 亿元，增长率为 3.9%。跨境电商的迅猛发展，不仅满足了国内消费者日益多样化、个性化的需求，也为我国产品通达全球市场提供了有力支持。更为重要的是跨境电商的发展推动了整个产业链条的变革，为传统外贸及产业带来了深远的影响。此外，跨境直播电商等新兴业态正在成为推动品牌"出海"的重

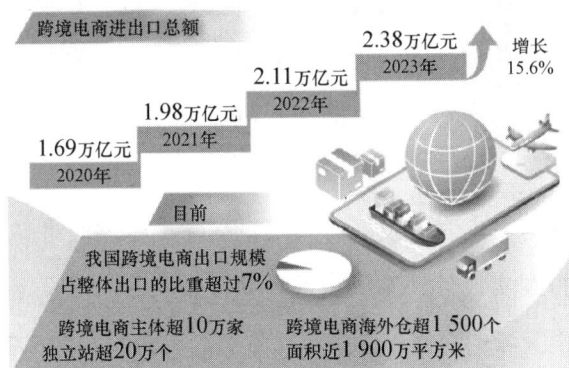

图 6-2　跨境电商进出口总额[①]

---

① 2023 年中国跨境电商进出口总额 2.38 万亿元增长 15.6%-中国一带一路网（yidaiyilu.gov.cn）。

要途径，为跨境电商的进一步发展注入了新的活力；并且随着技术的进步和市场的开放，预计跨境电商的未来发展将更加广阔。

（三）我国跨境电商海外市场份额现状

根据当前的相关数据统计，从出口目的地看，美国占我国跨境电商出口总额的 35.1%，英国、德国、法国分别占 9.2%、6.1%、4.5%，此外还有越南、马来西亚、巴西等新兴市场。从进口来源地看，日本占我国跨境电商进口总额的 21.9%，美国、澳大利亚、法国分别占 17.4%、9.4%、8.2%，来自德国、韩国、意大利等贸易伙伴的大量货物也通过跨境电商进入我国市场。

（四）我国跨境电商交易品类现状

跨境电商的交易品类现状呈现出多元化的特点。从早期的服装、鞋帽、饰品等传统零售商品，到家居、户外、汽配等商品，再到电子产品、书籍、母婴用品、美妆个护等品类，跨境电商的交易品类越来越丰富多样。

一方面，这些品类的交易规模在不断扩大，另一方面，各个品类之间的交易规模和市场份额也存在差异。其中，电子产品和书籍是跨境电商交易量最大的品类，家居和户外品类增长迅速，而服装鞋帽等传统零售商品则逐渐向高端化、个性化发展。

此外，随着跨境电商的发展，一些新兴品类也逐渐崭露头角。例如，智能设备、虚拟现实设备、健康设备等高科技产品，以及定制化、个性化商品逐渐成为消费者的新宠。这些新兴品类具有较高的附加值和技术含量，可以为跨境电商带来更大的利润空间。

我国海关总署公布的数据，以 2023 年上半年为例，9 成以上的跨境电商货物为消费品。其中，出口占 95.9%。主要为服饰鞋包、家居家纺、手机等电子产品、家用办公电器等。进口占 95.3%。主要为美妆及洗护、食品生鲜、医药及医疗器械、奶粉等。

（五）我国跨境电商贸易伙伴现状

我国跨境电商贸易伙伴呈现出多元化、全面化的发展趋势。不同贸易伙伴之间在需求、文化和经济发展水平等方面存在差异，因此我国跨境电商需要针对不同市场制定不同的营销策略，以满足不同市场需求。

1. 欧美市场

我国跨境电商的主要贸易伙伴之一是欧美市场，包括美国、欧洲各国等。这些市场消费者需求多样化，购买力较强，且对我国商品的需求较为稳定。

2. 东盟市场

东盟国家是我国跨境电商的另一个重要贸易伙伴。随着东盟国家的经济发展和电商市场的不断扩大，我国与东盟的跨境电商贸易额持续增长。

3. 俄罗斯和巴西市场

俄罗斯和巴西是我国跨境电商的新兴市场，具有较大的发展潜力。由于地理和文化上的优势，我国与这两个国家的跨境电商贸易额增长较快。

4. 共建"一带一路"国家

随着"一带一路"倡议的深入推进，我国与共建"一带一路"国家的跨境电商贸易额不断增加。这些国家经济发展潜力巨大，对我国商品的需求也在逐渐增加。

第二节　跨境电商对我国出口贸易的机遇和挑战

随着跨境电商在全球范围内的高速发展，这为我国不断扩大国际市场规模和拓宽国际市场渠道带来了巨大的机遇，但是，与此同时也出现了相当大的挑战。

一、跨境电商为我国出口贸易带来的机遇

跨境电商为我国出口贸易带来了显著的机遇，使我国出口贸易不再依赖单一的传统模式，扩大了 B2C 的广大海外市场，主要体现在以下几个方面。

（一）市场扩大与多元化

跨境电商打破了传统贸易的地理限制，使得我国的产品能够更便捷地进入全球市场。这为我国出口企业提供了更广阔的市场空间，并帮助它们实现市场的多元化。具体体现在以下几个方面。

第一，跨境电商打破了传统贸易的地域限制，使得我国出口企业能够更广泛地接触全球各地消费者。借助跨境电商平台，出口企业可以将产品直接销售到海外市场，无须经过烦琐的中间环节，从而大大拓宽了销售渠道，有助于提升销售额和市场份额。

第二，跨境电商促进了市场的多元化发展。传统的出口贸易往往依赖于几个较为特定的国家或地区，而跨境电商使得出口企业能够更灵活地适应市场变化，开拓更多新兴的市场领域。通过跨境电商平台，出口企业能够对不同国家和地区的消费者进行广泛挖掘和深度分析，了解他们的需求

和偏好，从而调整产品策略和市场策略，实现市场的多元化布局。这不仅有助于降低贸易风险，也为出口企业带来了更多的增长机会。

第三，跨境电商还促进了我国出口贸易的结构优化和产业升级。随着市场的扩大和多元化，为了在激烈的国际竞争中脱颖而出，出口企业需要根据市场需求调整产品结构，提高产品质量和技术含量。这将推动我国出口贸易从传统的劳动密集型产品向技术密集型产品转变，不断提升产品的附加价值，实现产业的升级和转型。

（二）品牌建设与国际影响力提升

跨境电商为我国的出口企业提供了一个可以更加全面展示自身品牌和产品实力的舞台。通过跨境电商平台，出口企业可以更加直接和广泛地与国外消费者进行交流和互动，有利于提升品牌知名度和美誉度，增强企业和产品的国际影响力。

第一，跨境电商为我国的出口企业提供了品牌建设的新机遇。在传统出口贸易中，出口企业往往面临品牌知名度低、推广难度大的问题。然而，跨境电商平台通过提供全球化的销售网络，使这些出口企业有机会直接面向海外消费者，展示其品牌和产品。这些企业可以通过精心设计的店铺页面、优质的产品描述和客户评价，提升品牌形象和知名度。同时，跨境电商平台上的各种营销工具，如优惠券、促销活动等，也为出口企业提供了更多推广品牌的机会。

第二，跨境电商有助于提升我国出口企业的国际影响力。随着越来越多的出口企业在跨境电商平台上取得成功，我国制造的优质产品逐渐被全球消费者所认可。这不仅提升了我国产品的国际竞争力，也增强了我国品牌的国际影响力。通过跨境电商，我国出口企业可以与国际品牌直接竞争，展示自身的创新能力和产品质量，进一步推动我国出口企业及其产品的品牌建设和国际化进程。

（三）贸易便利化

在跨境电商给我国出口贸易带来的各类机遇中，贸易便利化是一个尤为突出的方面。贸易便利化主要涉及减少贸易壁垒、简化贸易流程、提高贸易效率等方面，而跨境电商的发展正是推动贸易便利化的重要力量。

第一，跨境电商的发展有助于减少贸易壁垒。传统的出口贸易往往面临着关税、非关税壁垒等多种限制，而跨境电商通过电子化的交易方式，使得商品能够更加便捷地进入国际市场，降低了贸易门槛。同时，跨境电商平台也积极与各国政府合作，推动贸易政策的协调与互认，进一步减少贸易壁垒，为出口贸易企业创造了更加广阔的市场空间。

第二，跨境电商简化了贸易流程。传统的出口贸易涉及到多个环节和多个部门的协调，流程烦琐且耗时。而跨境电商通过整合物流、支付、关税等各环节的服务，形成了一站式的贸易解决方案，大大简化了贸易流程。出口贸易企业只需在平台上完成订单、支付等操作，后续的物流、清关等环节都由平台负责处理，这大大减轻了出口贸易企业的工作负担。

第二，跨境电商还推动了贸易效率的提升。跨境电商平台利用大数据、人工智能等先进技术，对贸易数据进行实时分析和处理，帮助出口贸易企业更好地掌握市场动态和消费者需求。同时，平台还提供了智能化的订单管理、库存管理等功能，使得出口贸易企业能够更加精准地控制库存和发货，提高了贸易的准确性和时效性。

第四，跨境电商还促进了国际贸易的合规化。跨境电商平台通常会有严格的卖家审核和商品审核机制，确保平台上销售的商品符合相关法规和标准。这有助于减少贸易中的违规行为和风险，提高整体贸易的合规性和信誉度。

（四）消费者需求洞察与产品创新

随着全球化的深入发展和互联网的普及，跨境电商平台提供了大量的消费者数据和反馈，这为出口贸易企业提供了宝贵的市场洞察信息。

第一，消费者需求洞察信息有助于出口贸易企业发现新的市场机会。跨境电商平台通过大数据分析和人工智能技术，可以精准地收集和分析消费者的购物行为、偏好和反馈。这使得出口贸易企业能够更准确地把握市场趋势和消费者需求，为产品研发和市场营销提供有力支持。

第二，产品创新是满足消费者需求的关键。基于跨境电商平台上的消费者反馈和数据分析，企业可以针对性地改进现有产品，或者开发符合市场需求的新产品。这种以消费者需求为导向的产品创新策略，有助于提升产品的市场竞争力，实现出口贸易的持续增长。

第三，跨境电商平台还为出口贸易企业提供了与消费者直接互动的机会。出口贸易企业可以通过平台上的在线客服、社区论坛等功能，与消费者进行实时沟通和交流，了解他们的真实想法和需求。这种互动不仅有助于企业优化产品和服务，还能够增强消费者对品牌的认同感和忠诚度。

此外，为了在激烈的国际竞争中脱颖而出，企业需要不断提升产品质量和技术含量，推动产业升级和创新。跨境电商平台为企业提供了获取国际市场信息和技术创新资源的渠道，有助于企业引进先进技术和管理经验，提升自身的核心竞争力。

（五）国际资源整合与优化

通过跨境电商平台，我国出口贸易企业能够更加灵活地整合国际资源，优化供应链，实现资源的优化配置和成本的有效控制。

1. 打破地域限制

跨境电商打破了传统贸易的地域限制。通过跨境电商平台，企业可以更加便捷地接触到全球供应商、采购商和消费者，从而在全球范围内寻找和整合最优质的资源。这种资源的整合不仅有助于提升我国出口产品的品质和竞争力，还能够降低生产成本，提高运营效率。

2. 促进国际物流优化

跨境电商促进了国际物流体系的优化。随着跨境电商的快速发展，国际物流网络也在不断完善，物流效率得到了显著提升。我国出口贸易企业可以利用跨境电商平台的物流优势，将产品快速、准确地送达全球消费者手中，提高客户满意度和忠诚度。同时，通过与国际物流服务商的合作，出口贸易企业还可以实现库存的共享和调配，进一步降低物流成本，提高整体运营效率。

3. 推动金融服务的国际化

通过跨境电商平台，我国出口贸易企业可以享受到更加便捷、安全的支付和融资服务。这不仅降低了企业的资金风险，还为其提供了更多的融资渠道，有助于缓解资金压力，支持业务的快速发展。同时，跨境电商平台还提供了丰富的金融产品和服务，如保险、外汇兑换等，进一步满足了出口贸易企业在国际贸易中的多元化金融需求。

此外，跨境电商平台还提供了丰富的营销和推广工具，如搜索引擎优化、社交媒体营销等，有助于我国出口贸易企业提升国际知名度和世界影响力。

二、跨境电商对我国出口贸易提出的挑战

（一）物流与供应链管理

跨境电商涉及复杂的国际物流和供应链管理。出口贸易企业需要处理跨境运输、海关清关、税收缴纳等问题，同时确保商品及时、安全地送达消费者手中。物流成本、时效性和货物安全都是出口贸易企业需要重点考虑的因素。在经济全球化和数字化快速发展的背景下，跨境电商的物流与供应链管理面临着多方面的挑战。

第一，国际物流的复杂性和不确定性是跨境电商面临的一大难题。由于不同国家和地区的法律法规、税收政策、海关程序等存在差异，导致跨境电商的物流运作变得复杂且难以预测。此外，国际物流还受到天气、交通、政治等多种因素的影响，这些因素都可能导致物流延误、成本上升等问题，给跨境电商的供应链管理带来不小的挑战。

第二，跨境电商的库存管理也是一个重要的挑战。由于跨境电商所面对的国际市场比较多元化，不同市场的消费者需求、购买习惯、消费类型等都存在较大差异，这使得库存管理变得更为复杂。如果库存管理不当，可能导致库存积压、资金占用过多，或者出现缺货、断货等问题，影响客户体验和销售额。

第三，跨境电商的供应链管理还面临着供应商管理、质量控制、成本控制等多方面的挑战。如何选择合适的供应商、如何确保产品质量、如何降低采购成本等，都是跨境电商企业需要认真考虑的问题，因为这些都将决定着企业是否能够长久、持续、健康地发展。

（二）本地化运营与市场竞争

在全球化的背景下，尽管跨境电商为出口企业提供了更为广阔的市场

空间，但是同时也对我国的出口贸易带来了本地化运营和市场竞争的复杂挑战。

第一，本地化运营是跨境电商出口企业需要面对的重要问题。不同国家和地区的市场环境、消费者需求和文化背景存在显著差异，这使得出口企业可能面临多种风险和不确定性。为了在这些市场中取得成功，出口企业需要投入大量的人力、物力和财力，来进行市场调研、产品开发、品牌推广等工作，制定符合当地消费者需求的营销策略和产品定位。以便更好地满足当地消费者的需求。同时，企业还需要关注当地的法律法规、税收政策等，确保合规经营。这些情况都可能增加企业的运营成本和市场风险。

第二，市场竞争也是跨境电商出口企业需要面对的重要挑战。随着跨境电商的快速发展，越来越多的企业进入这个领域，市场竞争日益激烈。为了争夺市场份额，企业需要不断提升产品质量、降低价格、优化服务等，以吸引和留住消费者。然而，这并不容易实现。因为跨境电商涉及多个环节和多个利益相关者，如供应商、物流商、支付机构等，出口企业需要协调好各方利益，确保整个操作流程的顺畅和高效。

第三，跨境电商出口企业还需要面对来自国内和国际竞争对手的压力。国内竞争对手可能通过价格战、品牌战等方式来争夺市场份额，而国际竞争对手则可能凭借先进的技术、丰富的经验和庞大的资源来占据市场优势。这使得跨境电商出口企业需要不断创新和提升自身实力，才能在激烈的市场竞争中立于不败之地。

（三）数据保护与隐私安全

跨境电商对我国出口贸易的挑战之一在于数据保护与隐私安全。随着跨境电商业务的快速发展，大量的用户数据在平台上被生成、传输和存储，如何保障这些数据的安全与隐私成为了一个亟待解决的问题。

一方面，跨境电商平台需要处理大量的用户个人信息，包括姓名、地址、联系方式等敏感数据。这些数据一旦泄露或被滥用，将给用户带来极大的风险和损失。然而，实现数据保护与隐私安全并非易事。跨境电商平台面临着来自黑客攻击、内部泄露、第三方合作风险等多方面的安全威胁。黑客可能利用漏洞或恶意软件窃取用户数据，内部员工可能因疏忽或恶意行为导致数据泄露，第三方合作伙伴也可能在数据共享和使用过程中存在安全隐患。因此，平台需要采取有效的加密措施和安全防护手段，确保用户数据在传输和存储过程中的机密性和完整性。

另一方面，跨境电商涉及不同国家和地区的法律法规，数据保护和隐私安全的标准和要求也存在差异。这要求跨境电商平台必须遵守各个市场的法律法规，尊重用户的隐私权益，不得随意泄露或滥用用户数据。同时，平台还需要建立完善的数据保护机制，明确数据的收集、使用、共享和销毁等流程，确保数据的合规性和安全性。

（四）贸易保护主义与法规差异

跨境电商在推动出口贸易增长的同时，也面临着贸易保护主义和法规差异等挑战。这些挑战不仅影响出口企业的市场拓展和运营效率，还可能导致成本上升和风险增加。

一方面，贸易保护主义是一个重要的挑战。在全球经济不稳定的背景下，一些国家为了保护本国产业和就业，可能会采取贸易保护主义措施，如提高关税、设立配额等。这些措施对跨境电商出口企业构成直接威胁，限制了产品的市场准入，可能导致销售下滑和市场份额减少。此外，贸易保护主义还可能导致国际贸易关系紧张，进一步加大市场拓展的难度。

另一方面，法规差异也是跨境电商出口面临的一大挑战。不同国家和地区的法规体系、税收制度、质量标准等存在差异，这使得出口企业需要花费大量时间和精力去了解和适应这些差异。例如，某些国家可能对进口产品实施严格的质量认证和检验措施，而另一些国家则可能对外汇管制和税收制度有特定的规定。这些差异不仅增加了企业的运营成本，还可能导致合规风险增加，甚至引发法律纠纷。

为了应对这些挑战，跨境电商出口企业需要采取一系列措施。首先，企业需要密切关注全球贸易政策和法规动态，及时调整出口策略和市场布局。同时，加强与国际贸易组织和行业协会的沟通与合作，推动贸易自由化和便利化进程。其次，企业需要建立完善的合规体系，确保产品和服务符合目标市场的法规要求。这包括加强产品质量管理、完善知识产权保护、遵守税收和外汇管理规定等。此外，企业还可以利用技术手段提高运营效率，降低运营成本，如采用智能化的物流管理系统、建立高效的供应链协作机制等。

第三节　跨境电商对出口贸易的影响机理

一、跨境电商发展降低出口贸易成本

跨境电商的发展，是建立在国内外先进的基础设施的前提之下的，比如，完善的硬件设施，高效的物流管理，以及互联网环境下各种便捷的软件应用等，这些也都是降低贸易成本和提高生产率的有效因素。

（一）强大的物流建设

提高贸易流通效率是跨境电商降低交易成本的常见方式。评价当前贸易活动的流通效率主要看其物流基础设施建设情况。基础设施建设主要包括仓储、交通、信息网络与互联网普及等方面的建设。

1. 规模经济与运输成本降低

跨境电商通过集中大量的货物进行一次性运输，可以实现规模经济，从而降低单位商品的运输成本。大型物流公司还可以通过优化运输路线、提高装载率等方式，进一步降低运输成本。

2. 信息化与供应链优化

跨境电商物流建设注重信息化建设，通过应用先进的物流管理系统和信息技术，实现供应链的透明化和实时化。这有助于减少信息不对称，提高物流效率，减少库存和缺货成本。

3. 缩短运输时间

强大的物流建设意味着更高效的运输网络和更快的运输速度。这不仅可以减少货物在途中的损耗和风险，还可以缩短交货时间，提高客户满意度，从而有助于扩大市场份额和降低营销成本。

4. 海关清关便利化

跨境电商物流建设通常涉及与海关、税务等部门的合作，以实现清关流程的便利化。这有助于减少清关时间和成本，提高货物的通关效率，从而加快出口贸易企业资金周转速度。

5. 多渠道销售与退货处理

跨境电商物流建设使得商品可以通过多个渠道进行销售，包括线上平台、线下实体店等。这有助于扩大销售范围，提高销售额。同时，强大的物流体系还能有效处理退货和换货等售后服务，提高客户满意度和忠诚度。

（二）高效的信息技术应用

在跨境电商的发展过程中，高效的信息技术应用起到了至关重要的作用，显著降低了出口贸易的成本。

1. 供应链透明度提升

信息技术使得供应链变得更加透明，出口贸易企业可以实时追踪货物的位置、状态和运输进度。这减少了信息的不对称，降低了因信息不准确或延迟而产生的风险，从而减少了管理供应链所需的成本。

2. 需求预测与库存管理

通过大数据分析和人工智能技术，出口贸易企业可以更准确地预测市场需求和消费者行为。这有助于企业优化库存管理，减少库存积压和缺货现象，从而降低了库存成本。

3. 优化物流路线与运输策略

信息技术可以帮助出口贸易企业分析运输数据，找到最优的运输路线和策略。这不仅可以减少运输时间和成本，还可以提高运输效率，降低因运输延误或损坏而产生的风险。

4. 自动化与智能化操作

通过应用自动化设备和智能化技术，如无人驾驶车辆、自动化仓库等，出口贸易企业可以显著提高物流操作的效率和准确性。这减少了人力成本和错误率，提高了整体运营效率。

5. 电子商务平台与在线支付系统

电子商务平台为消费者提供了便捷的购物体验，而在线支付系统则简化了支付流程。这使得交易更加快速和高效，降低了交易成本和时间成本。

6. 海关清关与税务处理

信息技术也可以简化海关清关和税务处理流程。通过电子化的申报和审批系统，出口贸易企业可以更快地完成清关手续，减少了等待时间和成本。

二、跨境电商发展提高出口贸易竞争力

（一）成本降低与效率提升

跨境电商通过优化供应链、实现规模经济、提高物流效率等手段，显著降低了出口贸易的成本。成本的降低使得出口贸易企业可以提供更具竞争力的价格，从而吸引了更为庞大的消费者群体，成功提高市场份额。

（二）品牌建设与产品差异化

跨境电商为出口贸易企业提供了与全球消费者直接互动的机会，使企业能够更深入地了解消费者需求和市场趋势。这样的契机极大地促进了企业的品牌建设进程，有助于其挖掘产品潜在的价值，提升产品附加值，并

通过产品差异化策略在竞争中脱颖而出。

（三）快速响应与灵活性

信息技术在跨境电商中的应用使得出口贸易企业能够实时获取市场反馈和消费者需求，从而快速调整生产和销售策略。这种快速响应和灵活性使企业能够更好地应对市场变化和竞争挑战。

（四）客户体验与服务提升

跨境电商平台提供了丰富的商品选择、便捷的购物流程和完善的售后服务，提升了消费者的购物体验。这种优质的客户体验不仅增强了品牌的影响力，而且有助于建立品牌忠诚度，并形成口碑效应，进一步推动销售增长。

（五）政策支持与国际贸易合作

各国政府为了促进跨境电商的发展，通常会出台一系列支持政策，如税收优惠、简化清关手续等。不仅如此，国际的贸易合作也为跨境电商提供了更多的机遇和平台，促进了全球贸易的繁荣。

三、跨境电商发展拓展出口贸易市场

（一）市场扩张与多样化

跨境电商通过互联网平台打破了传统贸易的地域限制，使出口贸易企业能够更轻松地进入国际市场，从而极大地拓宽了销售范围。这不仅可以扩充企业的潜在客户基数，还可以帮助企业实现市场的多样化布局，减少对单一市场的过度依赖，从而有效地分散了市场风险，增强了企业的整体竞争力和抵御风险的能力。

（二）数据驱动的市场洞察

跨境电商平台在运营过程中，累积了海量的消费者数据，出口贸易企业可以通过分析这些数据，深入剖析市场需求、洞悉消费者偏好、捕捉消费趋势变化。这些数据分析结果不仅为企业提供了宝贵的市场洞察，更是指引企业精准制定营销策略和产品规划的重要参考。

四、跨境电商发展影响出口贸易风险

（一）规避出口贸易风险

跨境电商发展在一定程度上能够规避一些出口贸易风险。跨境电商所具备的便捷性、实时性、多元性、跨地域性等独特优势，能够极大地规避掉传统贸易中由于信息传递不及时、交易条件透明度低、受地域限制、沟通不顺畅等弊端所带来的出口贸易风险，从而推动出口贸易顺利、高效的开展。

（二）产生新的出口贸易风险

相对于传统出口贸易风险，在跨境电商发展的过程当中，特别是发展初期有可能会产生新的贸易风险。这主要体现在三个方面。首先是信用风险。在通过跨境电商平台进行出口贸易时，贸易双方的各类交易信息都是通过数字技术进行传递和展现，而数字技术往往具有虚拟性的特征，加之当前全球范围内的征信机制还未完善，这在一定程度上给贸易双方信任的建立和职能部门的监督带来了困难。其次是技术风险。由于当前跨境电商平台的建设还未十分成熟，尤其是支付系统和安全技术系统的建设还存在欠缺，这将导致贸易双方通过跨境电商平台开展贸易时，有可能存在被黑客利用这些技术上的漏洞进行攻击的风险，从而导致贸易双方遭受损失。最后是制度风险。由于世界各国经济发展程度不一，其跨境电商发展的阶段也不一样，进而导致不同国家和地区关于跨境电商的制度建设未完善和不相统一，这不利于跨境电商的安全顺利开展。

第四节　跨境电商发展促进我国出口贸易提质增效的对策

一、跨境电商积极融入"一带一路"、RCEP、东盟的建设

随着"一带一路"、RCEP、东盟建设的深化，我国与沿线国家的互通互联网络正在快速发展之中，这为我国跨境电子商务的发展提供了重要机遇。一方面，我国出口贸易企业可以通过"一带一路"、RCEP、东盟的建设，将我国丰富的产能、资源、科技优势与沿线国家的发展需求相结合，通过互联互通实现资源配置，促进国际产能合作，推动企业在沿线国家快速发展。另一方面，"一带一路"、RCEP、东盟的建设还可以促进沿线国家的经济发展，促进就业和消费升级，有助于创造新的国际贸易空间，尤其是跨境电商和移动支付迅速的发展，深深影响了当地居民的消费习惯与方式，当地居民可以通过跨境电商平台享受到优质制造带来的红利，这也将进一步推动我国出口贸易企业对于出口产品的升级和创新。

二、出台政策鼓励跨境电商发展

针对跨境电商发展和管理中所存在的问题，政府应充分发挥自身职能，

制定科学的法律法规，构建新型管理模式。一方面，政府应通过税收优惠和资金支持等手段积极支持跨境电子商务的发展，并根据目前跨境电商的发展现状制定法律法规，从产品销售、产品质量到市场环境等方面对跨境电商进行规范。首先，为中小型出口贸易企业提供创业环境，简化备案申报手续，提供资金支持；积极建设物流、仓储等基础设施，为跨境电子商务发展奠定基础。其次，建立和完善跨境电子商务法律体系和监管体系，加强对跨境电商平台、物流、支付、信息安全等环节的监管，确保消费者权益不受损害。

另一方面，政府应建立新的管理模式。首先，为促进我国跨境电子商务的快速发展，需要打破各职能部门之间的壁垒，建立统一的管理平台、统一的监管标准和统一的信息系统。通过建立各职能部门之间的协调机制，加强各职能部门之间的协调合作，同时对跨境电子商务的各个环节进行协调和监管，从而加快我国跨境电子商务发展的步伐。其次，加强跨境电商人才队伍建设。目前我国跨境电商人才缺口较大，应积极培养这方面的专业人才和复合型人才，提升我国跨境电商企业的核心竞争力。

以下是一些可能出台的政策措施：

（1）提供财政支持

政府可以设立跨境电商专项资金，为出口贸易企业提供财政补贴、贷款优惠等支持，帮助他们降低运营成本，提升市场竞争力。

（2）简化审批流程

简化跨境电商业务的审批流程，降低出口贸易企业进入市场的门槛，提高政府职能部门的行政效率，缩短企业审批等待时间。

（3）优化税收政策

对跨境电商企业实行更加优惠的税收政策，如降低关税、增值税等，减轻企业的税收负担，提高其盈利能力。

（4）加强知识产权保护

加强跨境电商领域的知识产权保护，打击侵权行为，维护跨境电商企业的合法权益，提升品牌形象。

（5）推动跨境电商综合试验区建设

在重点地区设立跨境电商综合试验区，探索跨境电商发展的新模式、新路径，为出口贸易企业提供更多创新发展的机会。

（6）加强国际合作

加强与其他国家和地区的合作，推动跨境电商领域的互利共赢，为出口贸易企业拓展国际市场提供更多便利。

（7）提供培训与指导

政府可以组织培训课程和研讨会，帮助出口贸易企业了解跨境电商的最新动态、市场趋势和运营策略，提升企业的竞争力和适应能力。

三、拓展新的贸易渠道

拓展新的贸易渠道和推动贸易模式创新是跨境电商发展的重要方向，也是出口贸易企业应对全球贸易形势变化的关键举措。

（一）拓展新的贸易渠道

1. 打破了传统贸易的地域限制

跨境电商为我国出口贸易企业实现与全球市场的无缝对接。通过电子商务平台，我国的出口贸易企业和产品可以直接面向全球消费者，大大拓宽了出口渠道。这不仅有助于提升我国产品的国际知名度和竞争力，还能有效缓解传统贸易中的市场饱和问题，为我国出口贸易企业开辟新的增长空间。

2. 促进贸易方式的多样化

传统的贸易方式往往依赖于大型贸易商和中间商，而跨境电商则使得中小企业也能参与到国际贸易中来。这种去中间化的趋势降低了贸易门槛，使得更多的小微企业和创新产品有机会进入国际市场。同时，跨境电商还推动了 B2B、B2C、C2C 等多种贸易模式的并存与发展，进一步丰富了贸易方式。

3. 提高贸易效率和服务质量

通过电子商务平台，买卖双方可以实时沟通、快速交易，大大缩短了交易周期。此外，跨境电商平台还提供了便捷的支付、物流、售后等服务，提升了消费者的购物体验。这种高效、便捷的服务模式不仅吸引了更多消费者，也提高了我国贸易的整体效率。

4. 提供更多的市场信息和商业机会

通过跨境电商平台数据分析，企业可以更准确地把握市场需求和消费者偏好，从而制定更加精准的市场策略和产品定位。同时，跨境电商平台上的海量信息和资源也为企业提供了更多的商业合作和创新灵感。

（二）线上展会与市场推广

跨境电商的发展在促进我国贸易提质增效方面起到了至关重要的作用，其中线上展会与市场推广两大环节功不可没。

1. 线上展会

线上展会是跨境电商发展的一个重要创新，它打破了传统线下展会的时空限制，为出口贸易企业提供了更加便捷、高效的展示与交易平台。

（1）扩大参展规模与影响力

线上展会使得出口贸易企业无需受地域限制，即可轻松参展，从而大大扩大了参展企业的规模和影响力。这不仅有助于提升我国企业的国际知名度，还能吸引更多国际买家关注我国产品。

（2）降低参展成本

相较于传统线下展会，线上展会无需支付高昂的场地租赁、搭建等费用，大大降低了出口贸易企业的参展成本。这使得更多中小企业有机会参与到国际展览中来，进一步丰富了我国出口产品的多样性。

（3）提升交易效率

线上展会利用数字技术实现了产品展示、洽谈、交易等环节的线上化，大大提升了交易效率。买卖双方可以随时随地进行沟通交流，缩短了交易周期，提高了成交率。

2. 市场推广

市场推广是跨境电商发展的关键环节，它有助于提升我国产品的市场认知度和竞争力。

（1）多元化营销手段

跨境电商企业可以利用社交媒体、搜索引擎、电子邮件等多种渠道进行市场推广，实现品牌传播和产品推广的多元化。这有助于提升我国产品的曝光度和知名度，吸引更多潜在消费者。

（2）优化用户体验

市场推广不仅仅是宣传和推广产品，更重要的是提升用户体验。跨境电商企业可以通过优化网站设计、提高客户服务质量等方式，提升消费者的购物体验，从而增强消费者的忠诚度和复购率。

（三）建立合作伙伴关系

通过与国际电商平台、物流公司、金融机构等建立稳固的合作伙伴关系，跨境电商企业能够更好地整合资源、提升效率，从而实现贸易的提质增效。

首先，与国际电商平台建立合作伙伴关系，可以帮助我国跨境电商企业拓宽销售渠道、提高品牌知名度。通过与亚马逊、速卖通等知名国际电商平台合作，我国产品能够更广泛地触达全球消费者，增加销售机会。同时，这些平台还可以为我国出口贸易企业提供市场分析、运营指导等服务，助力企业更好地适应国际市场需求。

其次，与物流公司建立合作伙伴关系，对于提升跨境电商物流效率至关重要。通过与DHL、UPS等国际物流公司合作，我国跨境电商企业可以获得更稳定、高效的物流服务，降低运输成本，提高客户满意度。此外，物流公司还可以提供定制化的物流解决方案，帮助企业解决复杂的国际物流问题。

再次，与金融机构建立合作伙伴关系，可以为跨境电商企业提供更便捷、安全的支付与融资服务。通过与Visa、MasterCard等国际信用卡组织以及支付宝、微信支付等跨境支付平台合作，我国跨境电商企业可以提供更多元化的支付方式，满足全球消费者的支付需求。同时，金融机构还可以为企业提供融资支持，帮助企业缓解资金压力，实现更快速的发展。

最后，跨境电商企业还可以与海外仓储服务商、营销机构等建立合作关系，共同推动贸易的提质增效。例如，通过合作建立海外仓，可以降低物流成本，提高配送效率；通过与营销机构合作，可以提升品牌形象，增加产品曝光度。

四、推动贸易模式创新

（一）B2B 与 B2C 相结合

出口贸易企业可以同时开展 B2B（Business-to-Business）和 B2C（Business-to-Consumer）业务，满足不同客户的需求，实现业务多元化，这也是现代电子商务发展的重要趋势。这种结合旨在通过优化供应链、提高运营效率、增强客户体验等方式，实现更广泛的市场覆盖和更高的商业效益。

1. B2B 和 B2C 的结合能够优化供应链管理

在 B2B 模式下，企业之间通过互联网进行数据交换和交易活动，这有助于降低交易成本、提高交易效率。而 B2C 模式则使企业能够直接接触消费者，了解消费者需求和市场动态。通过将两种模式结合，企业可以更加精准地把握市场需求，优化产品设计和生产流程，从而提高整体供应链的效率。

2. B2B 与 B2C 的结合有助于提高运营效率

通过整合 B2B 和 B2C 的销售渠道，企业可以实现资源的共享和协同工作，降低运营成本。例如，企业可以利用 B2B 平台上的供应链信息，优化 B2C 平台的库存管理和物流配送，提高订单处理速度和客户满意度。同时，通过数据分析和挖掘，企业可以更好地了解消费者行为和市场趋势，为产品开发和营销策略制定提供有力支持。

3. B2B 与 B2C 的结合有助于增强客户体验

在 B2C 模式下，企业可以通过个性化的推荐、优质的客户服务等方式，提升消费者购物体验。而 B2B 模式中的企业间合作和信息共享，也有助于企业更好地满足客户的定制化需求。通过将两种模式结合，企业可以提供更加全面、个性化的服务，增强客户黏性，提高市场竞争力。

（二）定制化与个性化服务

推动贸易模式创新，定制化与个性化服务的结合成为关键策略，旨在满足日益增长的消费者需求，提升市场竞争力，并推动行业的可持续发展。

1. 深入理解消费者需求

企业需要通过市场调研、数据分析等手段，深入了解消费者的偏好、购买行为和需求变化。这有助于企业发现市场空白和潜在机会，为定制化与个性化服务的提供奠定基础。

2. 构建灵活的定制化服务体系

企业应建立一套完善的定制化服务体系，包括产品定制、服务定制和解决方案定制等多个层面。通过提供个性化的产品和服务，企业可以满足不同消费者的特殊需求，提高客户满意度和忠诚度。

3. 加强技术研发与创新

定制化与个性化服务的实现离不开先进技术的支持。企业应加大研发投入，引入新技术、新工艺和新材料，提高定制化服务的效率和精度。例如，利用大数据、人工智能等技术，企业可以精准分析消费者需求，实现个性化推荐和精准营销。

4. 建立紧密的客户关系

定制化与个性化服务需要企业与消费者之间建立紧密的沟通和合作关系。企业应建立客户管理系统，定期与客户进行互动和交流，收集客户反馈和建议，不断完善和优化定制化服务。

5. 加强行业合作与共享

定制化与个性化服务的推广需要整个行业的共同努力。企业应加强与同行业、上下游企业的合作与共享，共同推动定制化服务的发展和创新。通过行业合作，企业可以共享资源、技术和市场渠道，降低创新成本，提高市场竞争力。

（三）跨境电商与跨境物流协同

推动贸易模式创新，特别是跨境电商与跨境物流的协同，是当前全球贸易发展的重要趋势。两者的紧密配合不仅可以提高贸易效率，降低运营成本，还能为消费者提供更优质的购物体验。

1. 建立信息共享机制是关键

跨境电商与跨境物流之间需要实现信息的实时共享和更新，包括订单信息、物流状态、库存情况等。通过构建统一的信息平台或利用现有的云计算、大数据等技术，可以实现信息的快速传递和准确对接，从而提高整体运营效率。

2. 优化物流网络布局也至关重要

跨境电商涉及多个国家和地区的贸易活动，因此，物流网络的布局需要考虑到不同地区的运输需求、成本效益以及政策法规等因素。通过合理规划物流线路、设立海外仓或合作仓库等方式，可以缩短运输时间，降低运输成本，提高客户满意度。

（四）数字化与智能化转型

利用大数据、人工智能等先进技术，实现数字化转型和智能化升级，提高业务运营效率和客户体验。数字化转型的核心在于利用数字技术对传统贸易流程进行改造和优化。首先，数字化技术可以实现贸易信息的快速传递和实时更新，提高信息传递的效率和准确性。通过构建数字化平台，外贸企业可以实现在线展示产品、发布交易信息、进行在线谈判等功能，打破传统贸易的地域限制，拓宽市场范围。

其次，数字化技术还可以应用于贸易融资、风险管理等领域。通过利用大数据、人工智能等技术，外贸企业可以对贸易数据进行深度挖掘和分析，实现更精准的信用评估和风险管理，降低贸易风险。同时，数字化技术还可以提高贸易融资的效率和透明度，降低融资成本，促进贸易活动的顺利进行。

另外，智能化转型则是在数字化转型的基础上，进一步引入人工智能、机器学习等先进技术，实现贸易流程的自动化和智能化。智能化技术可以应用于市场分析、产品推荐、订单处理、物流管理等各个环节，通过智能化决策和自动化操作，提高贸易的效率和精准性。

第七章
中小型出口贸易企业跨境电商发展

中小型出口贸易企业在互联网时代迎来了巨大的发展机遇。随着全球化的深入推进，以及跨境电商快速发展，绝大多数中小型出口贸易企业都先后开拓了自己的跨境电商发展之路。

第一节　中小型出口贸易企业开展跨境电商的意义

一、拓展贸易市场

跨境电商平台的建立和发展能够有效弥补中小型出口贸易企业自身的劣势。跨境电商平台不受时间、地点等限制，能够有效消除价格及渠道所形成的贸易壁垒，利用互联网对不同国家、地区的产品及市场情况进行收集、整理、分析及对比，发挥我国中小型出口贸易企业生产产品价格低、质量高的优势，使更多国家和用户了解其产品，从而增加销售渠道，扩展贸易市场。

（一）突破地域限制

① 在传统国际贸易模式下，中小型出口贸易企业往往因为规模、资金、技术等经营要素的限制，难以将外贸业务拓展到海外市场。而跨境电商通过互联网和物流网络可以广泛连接全球各大贸易市场，打破了传统国际贸易的地域限制，为中小型出口贸易企业提供了一个低成本、高效率的国际化平台，使得它们能够将产品销售到世界各地，实现全球化经营。

② 突破地域限制还有助于中小型出口贸易企业提升自身品牌国际影响力。通过跨境电商平台，中小型出口贸易企业不仅可以将自己的品牌和产品更为直接、全面地展示给全球消费者，而且也可以做到品牌和产品信息的同步实时更新。这样有助于企业树立良好的国际形象，提升品牌知名度和美誉度，从而为企业带来更多的商业合作机会。

③ 突破地域限制还有助于中小型出口贸易企业优化资源配置和降低生产经营成本。通过跨境电商平台，中小型出口贸易企业可以更加灵活地调整生产和供应链策略，实现资源的优化配置。同时，跨境电商平台还可以降低企业的营销和物流成本，提高企业的盈利能力和竞争力。

（二）扩大潜在客户群

① 跨境电商平台有助于中小型出口贸易企业拓宽市场渠道，增加销售机会和市场份额。通过跨境电商平台，中小型出口贸易企业可以更加便捷地接触到全球范围内的潜在客户群，了解不同国家和地区的消费需求、消费偏好、消费环境、消费水平等信息，从而有针对性地调整营销策略，更好地满足市场需求。

② 跨境电商平台具备强大的营销推广能力，可以帮助中小型出口贸易企业更好地推广品牌和产品。通过搜索引擎优化、社交媒体宣传、在线广

告等手段，企业可以大幅度提高品牌知名度和曝光率，吸引更多潜在客户的关注，并不断提升他们的购买意愿。这种精准的营销推广方式不仅降低了营销成本，还提高了营销效果，使得企业能够更高效地挖掘和获取潜在客户。

③ 跨境电商平台还提供了科学的市场信息和数据分析工具，帮助中小型出口贸易企业更好地了解市场和客户需求。通过对客户的消费能力、购买偏好、购买频率等数据进行深度分析，企业可以更加精准地定位目标客户群体，制定更有效的营销策略和产品策略，提升市场竞争力，提高客户满意度和忠诚度。

（三）降低市场进入门槛

通常而言，传统的国际贸易不仅需要外贸企业投入大量资源进行市场的探索和开发，包括建立销售团队、寻找合作伙伴、搭建分销网络等，而且还要涉及到复杂的贸易流程、烦琐的单证手续以及高昂的物流成本等，这对于资金和资源有限的中小型出口贸易企业来说是一个巨大的挑战。相比传统的国际贸易方式，跨境电商平台通过整合全球资源，提供一个相对低成本、低风险的国际销售渠道，包括在线交易、物流配送、支付结算等一站式服务，这不仅简化了贸易流程，而且也降低了市场进入门槛。中小型出口贸易企业无须投入过多的线下资源，只需在平台上注册账号，即可开始销售，从而大大降低了市场开发的难度、成本，以及风险，使得中小型出口贸易企业能够以较小的投入快速进入国际新市场。

此外，跨境电商平台还能够为中小型出口贸易企业提供与国际品牌合作的机会。通过与不同国家和地区的知名品牌建立合作关系，借助其品牌影响力和市场渠道，快速提升自身的知名度和市场份额。这不仅有助于中小型出口贸易企业打破国际市场的壁垒，还能够为其带来更多的商业机会和发展空间，进一步提高企业的竞争力和可持续发展能力。

（四）实现市场多元化

通过跨境电商平台，中小型出口贸易企业可以同时开拓多个国际市场，实现市场结构多元化。这不仅可以增加企业的销售额和利润，还可以分散市场风险，提高企业的稳定性。首先，跨境电商为中小型出口贸易企业提供了更加广阔的市场空间。传统国际贸易模式下，企业往往受限于地域、资源和资金等因素，难以进入多个国家和地区的市场。而跨境电商通过互联网和物流技术的结合，可以帮助企业可以接触到来自世界各地的消费者，实现市场的多元化拓展。其次，市场多元化有助于中小型出口贸易企业分散风险。在传统国际贸易中，企业可能过度依赖某些特定市场，一旦这些市场出现波动或变化，企业的外贸业务可能会受到严重影响，甚至会出现中断业务往来的情况。而通过跨境电商实现市场多元化，企业可以将业务分散到多个市场，降低对单一市场的依赖，减少因单一市场变动而带来的风险。当某个市场出现问题时，企业可以通过其他市场进行补充和调整，保持业务的稳定性。

从另一个角度讲，市场多元化还有助于中小型出口贸易企业获取更多的商业机会。不同国家和地区的市场具有不同的需求和特点，通过跨境电商进入多个国际市场，企业可以获取更多的市场信息和创意灵感，并根据市场需求调整产品策略和市场策略，开拓新的商业机会。此外，面对多元化市场的竞争和挑战，中小型出口贸易企业需要不断创新和提升自身的产品和服务质量，推动企业的创新和升级进程，以适应市场需求的变化。

二、降低运营成本

跨境电商平台能够帮助中小型出口贸易企业降低运营成本。通过整合供应链，实现物流信息的共享，降低物流成本；提供资金支持，解决资金回流慢、资金不充裕的问题；精简贸易流程，节省中间环节，提高利润空间。此外，跨境电商系统使用大数据、云计算等技术，可以帮助企业提高运作效率，进一步缩减成本支出。

（一）减少实体店面和库存成本

传统的外贸模式通常需要企业设立实体店面，以及保持一定量的产品库存，这些都是相当大的成本支出，而且还可能面临产品积压和过期风险。然而，通过跨境电商平台，中小型出口贸易企业可以直接在线展示和销售产品，大大减轻了企业的财务压力。而且跨境电商平台还提供了智能化的仓储和物流解决方案。企业可以利用平台的仓储和物流服务，将产品存储在离消费者更近的地方，提高发货速度和客户满意度。同时，通过平台的智能配送系统，企业可以优化配送路线，降低物流成本，提高运营效率。通过数据分析和预测，企业可以更准确地把握市场需求和库存状况，实现供应链的快速响应和精准决策。这不仅可以避免了不必要的库存浪费和资金占用，还可以提高企业的市场竞争力和适应能力。

（二）降低销售和营销成本

通过跨境电商平台，中小型出口贸易企业可以以较低的成本接触到全球范围内的潜在客户。相较于传统的线下销售渠道，跨境电商无需支付高昂的店面租金、人员工资等经营成本，从而大大降低了企业的初始投入。企业可以利用跨境电商平台提供的搜索引擎优化（SEO）工具，提升产品在搜索结果中的排名，增加产品和品牌的曝光率；同时，通过社交媒体营销、内容营销、电子邮件营销等方式，以较小的成本吸引潜在目标客户的关注，并与他们建立贸易联系。这些营销手段不仅效果显著，而且成本相对较低，有助于中小型出口贸易企业在有限的预算内实现有效的推广。通过数据分析和市场研究等手段，企业可以制定更精准的营销策略和产品定位，提高销售转化率。这种精准营销的方式相较于传统的广撒网式营销，不仅效果更好，而且成本更低。另外，通过实时销售数据和需求预测，企业可以更加精准地控制库存水平，避免库存积压和浪费；同时，利用跨境电商平台的物流网络，企业可以实现更加高效、低成本的物流配送，进一步提高客户满意度和忠诚度。

（三）减少中间环节和交易成本

首先，在传统的国际贸易中，贸易的产品通常需要经过多个中间商或代理商才能到达最终消费者手中，这不仅增加了产品的流通时间和成本，还可能导致交易信息失真和价格扭曲。而跨境电商平台通过在线交易和直接配送的方式，使得生产商能够直接将产品销售给消费者，减少传统贸易中的多个中间环节，大大简化了交易流程，有效降低了交易成本。

其次，传统的国际贸易往往涉及复杂的合同签署、货款结算、关税清关等环节，这些环节不仅操作烦琐，而且支出成本较高。而跨境电商平台通过提供一站式的服务，包括在线合同签署、电子支付、自动清关等功能，大大简化了交易流程，降低了交易成本。此外，跨境电商平台还通过技术手段实现交易信息的透明化和可追溯性，减少了信息不对称和欺诈风险，进一步降低了交易成本。

通过减少中间环节和交易成本，一方面有助于提高中小型出口贸易企业的竞争力。通过降低成本，企业可以更加灵活地调整产品定价策略，以更具竞争力的价格吸引消费者；而且减少中间环节也有助于企业更快地获取市场反馈和消费者需求信息，从而更好地调整产品策略和市场策略，提高市场竞争力。另一方面有助于推动中小型出口贸易企业的创新和发展。

在更加开放和透明的市场环境下，企业可以更加专注于产品研发和品牌建设，提高产品质量和服务水平，推动产业升级和转型。

三、提高效率和竞争力

跨境电商系统可以帮助中小型出口贸易企业获取更准确的市场信息，制定有效的市场策略。同时，通过降低物流成本、缩短交货周期、优化供应链管理、提供智能化的订单管理和客户服务等等，使中小型出口贸易企业在全球市场中拥有更高的效率和更低的运营成本，从而提高竞争力。

（一）提高市场响应速度

跨境电商平台能够实现信息的实时更新和传递，使企业能够迅速获取市场需求和反馈。企业可以根据这些信息及时调整生产和销售策略，提高市场响应速度，满足消费者的需求。

首先，跨境电商平台为中小型出口贸易企业提供了实时的市场信息和数据分析工具。通过收集和分析全球范围内的销售数据、消费者行为、趋势预测等信息，中小型出口贸易企业能够更快速地了解市场需求和变化。这使得中小型出口贸易企业能够及时调整产品策略、定价策略和市场策略，以满足消费者的需求，快速响应市场变化。

其次，跨境电商还促进了供应链的优化和协同。通过跨境电商平台，中小型出口贸易企业可以与供应商、物流服务商等合作伙伴建立紧密的合作关系，实现信息共享和协同作业。这有助于中小型出口贸易企业更快速地获取原材料、调整生产计划，并及时配送产品到消费者手中。供应链的灵活性和响应能力得到了提升，进一步加快了企业对市场变化的反应速度。

再次，跨境电商还推动了中小型出口贸易企业的组织结构和运营模式的创新。为了适应快速变化的市场需求，中小型出口贸易企业需要调整内部流程、优化组织结构，并培养具备跨境电商运营能力的团队。这种创新不仅提高了企业的市场响应速度，还为企业带来了更多的发展机会和竞争优势。

（二）简化贸易流程

传统的外贸出口流程烦琐，包括签订合同、投保、报关、报检、核销退税等环节，耗时耗力。而跨境电商平台通过整合贸易流程，提供在线交易、电子支付和自动化物流系统等一站式服务，简化了烦琐的手续，降低了时间成本和运营成本，提高了贸易效率，从而增强企业竞争力并优化客户体验。

① 通过集成化服务简化复杂环节。传统的对外贸易往往涉及多个中介环节，如代理商、分销商等，导致流程烦琐且效率低下。而跨境电商平台将供应商、采购商、物流公司等多方资源整合在一起，实现了从产品展示、订单生成、支付结算到物流配送的全流程一站式服务，这不仅大大简化了贸易流程，还提高了交易的准确性和可靠性。

② 提升贸易流程的自动化和智能化。通过应用大数据和人工智能技术，平台能够自动化处理订单、智能推荐物流方案、优化库存管理等，从而降低了人工操作的错误率和成本，提高了整体运营效率。

③ 通过优化供应链管理简化贸易流程。跨境电商平台可以连接全球范围内的供应商和采购商，实现供应链的优化配置。通过在线沟通和协商，中小型出口贸易企业可以更快速、更准确地找到合适的合作伙伴，减少了中间环节和不必要的沟通成本。同时，平台还提供了一系列的供应链管理工具，帮助企业实现供应链的透明化和可视化，进一步简化了管理流程。

④ 跨境电商平台还通过提供合规服务和风险管理措施，为中小型出口贸易企业简化贸易中的合规问题。跨境电商平台通常与海关、税务、支付等相关机构合作，为企业提供合规指引和咨询服务，帮助企业了解并遵守相关法规和规定。同时，跨境电商平台还提供风险管理和纠纷解决机制，降低企业在跨境贸易中的风险和不确定性。

（三）提高客户服务水平

跨境电商平台提供了丰富的客户服务工具，如在线客服、退换货服务等，使中小型出口贸易企业能够提供更好的客户服务体验。优质的客户服务能够增强消费者的信任度、忠诚度以及满意度，持续提高企业的竞争力。

① 跨境电商平台为中小型出口贸易企业提供了更便捷、高效的客户服务渠道。通过在线聊天、邮件、电话等多种沟通方式，中小型出口贸易企业可以实时、便捷地与客户进行沟通和互动，及时响应客户需求和反馈，确保客户的问题和需求得到及时解决。这种即时互动的服务模式，不仅提高了客户满意度，还增强了客户对企业的信任感。同时，跨境电商平台还为中小型出口贸易企业提供了全球化的客户服务支持。无论客户身处何地，只要有网络，就能随时与企业进行沟通。这种全球化的服务覆盖，使得中小型出口贸易企业能够更好地服务全球客户，提升企业的国际形象和影响力。

② 跨境电商平台利用大数据和人工智能技术，为中小型出口贸易企业提供了更精准的客户服务。通过对客户行为、购买偏好等数据的分析，企业可以深入了解，甚至可以预知客户需求，为客户提供个性化的产品推荐和解决方案。这种精准化的服务模式，能够更好地满足客户的期望，提升客户体验。

③ 跨境电商平台上的客户评价和反馈机制，为中小型出口贸易企业提供了宝贵的客户声音。企业可以通过这些评价和反馈，了解客户对产品和服务的真实看法，从而及时调整策略，改进产品和服务。这种以客户为中心的服务模式，有助于企业不断优化客户服务水平，为企业赢得更多商业机会。

④ 跨境电商平台通过多语言支持系统，能够帮助中小型出口贸易企业解决跨境贸易中的语言和文化障碍问题，使得企业能够与不同国家和地区的消费者进行无障碍沟通。跨境电商平台还可以帮助企业了解不同国家的文化和消费习惯，从而避免因为文化差异而产生的误解和冲突。

⑤ 跨境电商平台还通过优化物流配送、完善售后服务等方式，提升中小型出口贸易企业的整体客户服务水平。企业可以利用平台的物流网络，实现快速、准确的配送；同时，通过提供退换货、维修等售后服务，解决客户的后顾之忧，增强客户对企业的信任感。

（四）促进精准营销

互联网技术的飞速提升，推动跨境电商领域的迅猛发展，以大数据、云计算为主的新型技术正在电商领域实践应用，从而促进企业之间的有效整合，推动了企业国际贸易营销的精准度。

① 跨境电商平台不仅为中小型出口贸易企业提供了海量的数据资源，而且通过跨境电商平台的营销数据分析工具，中小型出口贸易企业可以实时监测营销效果，能够更精准地把握市场需求动态和消费者行为变化，并对营销策略进行及时调整和优化。

② 跨境电商平台能够为中小型出口贸易企业提供多元化的营销工具和手段，如搜索引擎优化、社交媒体营销、电子邮件营销等，使得中小型出口贸易企业能够根据自身特点和需求，选择更为适合的营销方式，提高

营销效率和精准度。

③ 跨境电商平台的营销效果具有可衡量性。中小型出口贸易企业可以通过平台提供的销售数据、用户反馈、流量来源等信息，对营销效果进行量化评估，从而更加明确地了解营销投入与产出的关系，为未来的营销活动提供有力支持。

四、整合供应链

中小型出口贸易企业通常面临供应链管理的挑战，而跨境电商的发展推动了供应链的数字化和智能化升级。跨境电商平台可以通过整合供应链，实现资源共享和协同工作，提高供应链的透明度和效率。这有助于中小型出口贸易企业更好地管理库存、预测需求，并优化整体运营。

（一）供应链资源的优化配置

在传统国际贸易模式下，中小型出口贸易企业往往受限于地域、资源等要素，难以在全球范围内构建高效的供应链网络。而跨境电商平台打破了这些限制，通过汇集全球各地的供应商、生产商、物流服务商等资源，为中小型出口贸易企业提供了一站式的供应链服务。这使得企业能够更加灵活地配置供应链资源，根据自身需求选择合适的合作伙伴，实现供应链的优化配置。

（二）供应链信息的透明度提升

通过跨境电商平台，供应链中的各个环节可以实现信息共享、资源互补和协同作业，中小型出口贸易企业可以实时获取供应链各个环节的信息，包括库存情况、物流动态、订单状态等关键数据，这有助于企业更好地掌握供应链的运行状况，减少信息不对称的风险，实现快速响应市场需求，提高供应链的灵活性和稳定性。

（三）降低供应链成本

跨境电商平台通过集中采购、批量发货等方式，降低了中小型出口贸易企业的采购成本和物流成本。同时，通过跨境电商平台，供应商、生产商、物流服务商等各方可以实时沟通、协调，共同应对市场变化和挑战，这种协同合作也有助于降低供应链运营成本，提高运营效率。此外，跨境电商平台上供应商和物流服务商之间的竞争也促使服务价格更加合理，进一步降低企业的供应链成本，提升整个供应链的竞争力。

（四）增强供应链的抗风险能力

跨境电商平台通过整合全球供应链资源，实现了供应链的多元化和分散化，这有助于降低单一供应商或物流服务商的风险，增强供应链的抗风险能力。同时，跨境电商平台通常也提供一系列风险管理工具和服务，帮助中小型出口贸易企业应对物流延迟、货物损坏和客户退换货等风险。

五、增加品牌曝光度

首先，跨境电商平台通常拥有覆盖全球各地的庞大用户群体。通过入驻跨境电商平台，中小型出口贸易企业可以将自己的产品、品牌故事、企业文化等信息展示给更广泛的受众，展示品牌的专业性和可信度，扩大品牌曝光范围。这有助于让中小型出口贸易企业有机会与国际品牌同台竞技，提升品牌知名度和影响力。

其次，中小型出口贸易企业可以通过跨境电商平台与全球消费者建立直接联系。通过与消费者进行互动、解答疑问、提供优质的客户服务等，企业可以树立起良好的品牌形象，并建立起消费者的信任和忠诚度。这种与消费者的互动和连接将进一步增强品牌的曝光度和影响力，推动品牌的持续发展。

最后，跨境电商平台提供了多种营销和推广工具，帮助中小型出口贸易企业更好地推广品牌。例如通过搜索引擎优化和社交媒体营销等手段，企业可以提高品牌在互联网上的可见度，增加曝光机会。此外，跨境电商平台上的用户评价、口碑传播等也能够为品牌带来更多的曝光和认可，更有效地吸引潜在客户，从而提高品牌知名度和转化率。

第二节　跨境电商对中小型出口贸易企业竞争力的影响

一、跨境电商给中小型出口贸易企业带来全球发展机遇

（一）接入全球市场

跨境电商平台使得中小型出口贸易企业能够更轻松地进入全球市场，与全球消费者直接进行交易。这为企业提供了巨大的市场拓展空间。

1. 更广泛的市场覆盖

通过跨境电商平台，中小型出口贸易企业可以直接与全球各地的消费者或买家建立联系，不再受限于传统的地理边界。这意味着中小型出口贸易企业有机会接触到更多的潜在客户和合作伙伴，有效拓宽国际业务。

2. 降低市场进入门槛

传统的国际贸易通常需要企业具备丰富的资源和经验，包括了解不同国家的法律法规、市场规则、语言和文化等，而跨境电商平台简化了这一过程，提供了便捷的注册、审核和交易流程，减少了传统国际贸易中的中间商和代理商环节，使得中小型出口贸易企业能够以更低的成本进入新市场。

（二）品牌国际化

通过跨境电商，中小型出口贸易企业可以在全球范围内建立品牌知名度和影响力，提高品牌的国际竞争力。

1. 全球曝光与认知

通过跨境电商平台，中小型出口贸易企业不仅可以将自身产品快速地展示给全球消费者，而且也可以直接与全球消费者进行互动，从而加强品牌与消费者之间的联系，提高品牌的全球曝光度。

2. 建立国际信誉

在跨境电商平台上，中小型出口贸易企业有机会与全球各地的消费者进行交易，并积累国际交易记录和评价。这些积极的评价和反馈可以为企业建立国际信誉，增强消费者对其品牌的信任。

3. 统一的品牌形象与信息传递

通过跨境电商平台，中小型出口贸易企业可以确保在全球范围内传达一致的品牌形象和信息，这有助于加强消费者对品牌的认知和记忆，提升品牌的国际影响力。此外，跨境电商平台使得中小型出口贸易企业能够迅速捕捉全球市场的趋势和流行文化，从而调整产品和营销策略，与全球消费者产生共鸣。

4. 降低品牌国际化的成本

相较于传统的国际品牌推广方式，跨境电商平台为中小型出口贸易企业提供了更经济、高效的品牌国际化途径。中小型出口贸易企业可以通过平台上的各种营销工具和推广活动，以更低的成本实现品牌的全球化。

（三）优化供应链

1. 整合全球供应链

跨境电商平台使得中小型出口贸易企业能够接入全球供应链网络，与全球供应商、生产商、物流服务商等建立直接联系，这有助于企业实现供应链的全球整合，提高供应链的灵活性和响应速度。

2. 提升供应链透明度

通过跨境电商平台，中小型出口贸易企业可以实时追踪和管理供应链的各个环节，包括原材料采购、生产进度、库存状况、物流配送等，这有助于企业提高供应链透明度，及时发现和解决潜在问题，降低供应链风险。

3. 降低库存成本

中小型出口贸易企业可以根据跨境电商平台提供的实时销售数据和市

场需求分析来制定更为精确的库存计划，避免库存积压和浪费。同时，通过跨境电商平台上的预售、定制化等销售模式，企业可以实现按需生产，进一步降低库存成本。

4. 供应链金融支持

许多跨境电商平台提供供应链金融服务，如订单融资、应收账款融资等。这些服务有助于缓解中小型出口贸易企业融资难的问题，提高供应链的资金流转效率。

二、跨境电商促进中小型出口贸易企业升级转型

跨境电商的快速发展不仅能够推动中小型出口贸易企业更为便捷地进入国际市场，扩大贸易区域；而且也能够助推中小型出口贸易企业在生产方式、品牌建设、管理运营等方面升级转型，提升自身贸易竞争力。

（一）生产方式与供应链升级

跨境电商对中小型出口贸易企业在生产方式与供应链管理升级方面起到了重要的推动作用。这种升级转型不仅提升了企业的运营效率，还增强了其市场竞争力，为企业的可持续发展奠定了坚实基础。

1. 在生产方式方面

跨境电商促进了中小型出口贸易企业向智能化、自动化方向转型。传统的生产方式往往依赖于大量的人工操作和烦琐的流程，而跨境电商的发展推动了企业对生产流程的优化和改造。通过引入先进的技术和设备，企业能够实现生产线的自动化和智能化，提高生产效率，降低生产成本。同时，跨境电商平台提供的数据分析和市场需求预测功能，帮助企业更准确

地把握市场动态，及时调整生产策略，实现柔性化生产，满足消费者的个性化需求。

2. 在供应链方面

传统的供应链管理模式往往存在信息不透明、协调成本高等问题，而跨境电商平台通过整合全球资源，优化供应链管理流程，提高了供应链的透明度和效率。中小型出口贸易企业可以通过平台与供应商、物流公司等合作伙伴建立紧密的合作关系，实现供应链的协同作业和信息共享。这有助于企业更好地控制库存、降低库存成本，提高物流效率，缩短交货周期。同时，跨境电商平台提供了供应链风险管理工具，帮助企业预测和应对潜在的风险，保障供应链的稳定运行。

（二）营销与品牌建设升级

通过跨境电商平台，中小型出口贸易企业可以接触到全球消费者，了解他们的需求和喜好，从而制定更加精准的营销策略。此外，跨境电商平台还提供了丰富的营销工具和服务，帮助企业提升品牌知名度和影响力，建立全球化的品牌形象。

1. 营销渠道和方式的大步提升

跨境电商为中小型出口贸易企业提供了更加广阔的营销渠道和创新的营销方式。传统营销方式往往受限于地域和渠道，而跨境电商平台通过互联网技术打破了地域限制，使企业能够直接接触全球消费者。中小型出口贸易企业可以利用平台上的数据分析工具，制定更加精准的营销策略。同时，跨境电商平台也提供了多元化的营销工具，如搜索引擎优化、社交媒体营销、内容营销等，企业可以根据自身特点和需求，选择合适的营销方式，提升品牌口碑和形象。

2. 品牌获得更广泛的曝光机会

优质的产品和良好的客户体验是企业品牌建设的关键。通过跨境电商平台，中小型出口贸易企业不仅拥有更多展示自身产品、企业文化和价值观的机会和空间，而且能够通过与全球消费者进行互动和交流来传递这些价值。

同时，中小型出口贸易企业也可以通过跨境电商平台上的用户评价和反馈机制，了解消费者的真实需求和期望，及时改进产品和服务，提升品牌知名度和曝光率。

（三）管理与运营升级

跨境电商要求中小型出口贸易企业应具备更加高效和灵活的管理与运营能力，这促进了中小型出口贸易企业向更加规范化、标准化的方向转型。一是跨境电商平台提供了一系列的管理工具和服务，如订单管理、库存管理、客户关系管理等，帮助企业实现业务流程的自动化和智能化。这有助于减少人为错误，提高运营效率，降低运营成本。二是跨境电商平台整合全球资源，简化了传统出口贸易中烦琐的流程，通过平台提供的物流服务，企业实现快速、准确的货物配送；通过平台提供的支付方式，方便消费者进行支付操作；通过平台提供的数据分析和市场预测功能，企业可以更好地把握市场趋势，制定更加精准的运营策略等。三是跨境电商平台推动中小型出口贸易企业引入先进的管理理念，组建全球化的运营团队，建立起更加科学、高效的管理体系，以适应全球市场的变化和需求。

（四）金融服务与资金支持升级

在金融服务方面，跨境电商平台为中小型出口贸易企业提供了更为便捷、灵活的金融服务。传统出口贸易在跨境结算、融资等方面常常面临诸多烦琐流程和较高成本，而跨境电商平台通过整合金融资源，为中小型出口贸易企业提供了在线支付、跨境结算、贸易融资等一站式金融服务，大大简化了操作流程，降低了交易成本，从而有助于企业实现资金流的优化和升级，为企业的升级转型提供有力支持。在资金支持方面，跨境电商也为中小型出口贸易企业提供了更多的融资机会和渠道。传统的融资方式往往受限于企业的规模和信用记录，而跨境电商平台通过数据分析和信用评估，能够更准确地评估企业的经营状况和信用状况，为企业提供更加精准的融资服务。此外，跨境电商平台还积极与金融机构合作，推出多种金融产品，如供应链金融、应收账款融资等，为企业提供更加多样化的融资选择。

三、跨境电商加速优化中小型出口贸易企业的营销方式

（一）多元化的营销渠道

传统的营销方式往往局限于特定的市场或地区，而跨境电商平台则提供了全球范围内的营销渠道。中小型出口贸易企业可以利用这些渠道进行线上推广、社交媒体营销、内容营销等多种形式的营销活动，扩大企业的品牌曝光度和产品的市场份额。

（二）实时反馈与数据分析

跨境电商平台通常提供实时的销售数据和用户反馈，中小型出口贸易企业可以利用这些数据来评估营销效果，了解哪些营销方式更加有效，哪些产品更受消费者欢迎，从而更好地把握市场动态，及时调整营销策略，优化产品和服务，提高客户满意度。

（三）个性化营销与定制化服务

个性化营销与定制化服务作为现代营销的重要策略，正被越来越多的企业所采纳，以更好地满足消费者的多样化需求。个性化营销与定制化服务的核心在于根据消费者的个体特征、需求以及喜好，提供"量身打造"的产品和服务。在跨境电商的背景下，跨境电商平台提供了全球范围内的消费者数据和市场信息，中小型出口贸易企业可以通过收集和分析消费者的购买记录、浏览行为、搜索关键词等数据，深入了解消费者的兴趣、偏好和需求。基于这些数据，企业可以进行更加精准的市场定位，制定个性化的营销策略，如推送定制化的产品推荐、优惠活动信息等，从而吸引目标消费者，提高目标消费者的购买意愿和忠诚度。

第三节　中小型出口贸易企业开展
跨境电商的困难与机遇

一、中小型出口贸易企业发展跨境电商的困境

（一）人才匮乏导致企业市场扩张能力不足

人才匮乏确实会导致中小型出口贸易企业市场扩张能力不足，主要体现在以下几个方面。

1. 缺乏跨境电商人才

中小型出口贸易企业往往缺乏具备跨境电商经验和专业技能的人才。

这些跨境电商人才不仅需要了解国际贸易规则和市场动态，还需要熟悉跨境电商平台的运营规则、营销推广策略以及跨境物流等。由于当前这样的人才稀缺，中小型出口贸易企业可能难以组建起具备这些能力的团队，从而限制了市场扩张的速度和效果。

2. 跨境电商运营能力不足

跨境电商运营需要具备一系列复杂的技能，包括产品选品、供应链管理、平台运营、营销推广等。由于人才匮乏，中小型出口贸易企业可能在这些方面表现出能力不足，导致跨境电商运营效率低下，难以应对市场变化和竞争压力。

3. 创新能力受限

跨境电商行业竞争激烈，创新能力是中小型出口贸易企业获得竞争优势的关键。然而，由于人才匮乏，中小型出口贸易企业可能缺乏创新能力和创新思维，难以推出具有竞争力的产品和服务，限制了市场扩张的可能性。

4. 风险管理能力不足

跨境电商涉及不同国家和地区，面临着诸多风险，如政治风险、汇率风险、物流风险等。中小型出口贸易企业由于人才匮乏，可能缺乏有效的风险管理能力，难以应对这些风险，从而限制了市场扩张的步伐。

5. 招聘和培训难度大

中小型出口贸易企业在招聘和培训方面往往面临较大难度。一方面，由于企业规模和知名度的限制，难以吸引到具备跨境电商经验的人才；另一方面，由于资金和资源的限制，企业可能无法为员工提供充分的培训和发展机会，导致员工的职业技能难以得到提升。

（二）产品附加值低限制了企业的发展

1. 利润空间有限

产品附加值低意味着企业在生产或销售过程中所能获得的额外价值有限。对于开展跨境电商的中小型出口贸易企业来说，这意味着他们的利润空间相对较小。在激烈的市场竞争中，这可能导致企业难以进行必要的投资，如新品研发、品牌建设、市场拓展等，从而限制了企业的发展速度和规模。

2. 缺乏竞争力

产品附加值低往往导致企业的产品在市场上缺乏竞争力。在跨境电商平台上，消费者往往更注重产品的品质、设计、服务等附加值因素。如果企业的产品在这些方面表现不佳，很难吸引和留住消费者，进而限制了企业的市场扩张能力。

3. 品牌建设困难

品牌建设是提高产品附加值的重要途径之一。然而，对于开展跨境电商的中小型出口贸易企业来说，由于产品附加值低，他们在品牌建设方面往往面临诸多困难。例如，缺乏足够的资金和资源进行品牌推广、难以塑造独特的品牌形象等。这些问题都限制了企业在市场上的影响力和竞争力。

4. 创新受限

产品附加值低可能意味着企业在产品创新和研发方面的投入不足。创新是推动企业发展的重要动力，但由于利润空间有限，开展跨境电商的中小型出口贸易企业可能无法承担高额的研发成本，从而限制了企业的创新能力和市场竞争力。

5. 难以应对市场变化

面对快速变化的市场环境和消费者需求，产品附加值低的中小型出口贸易企业往往难以迅速调整和优化产品策略。这可能导致企业在市场变化中失去先机，进一步削弱了企业的竞争力和市场地位。

（三）企业的海外市场调研能力有限

1. 市场定位不准确

海外市场调研是确定企业市场定位的关键步骤。然而，由于开展跨境电商的中小型出口贸易企业海外市场调研能力有限，他们可能无法第一时间准确了解目标市场的消费者需求、竞争态势和市场规模等信息。这可能导致企业市场定位不准确，难以制定有效的市场策略。

2. 风险管理不足

海外市场涉及诸多风险，如政治风险、汇率风险、法律风险等。中小型出口贸易企业由于海外市场调研能力有限，可能无法充分识别和评估这些风险，从而难以采取有效的风险管理措施。这可能导致企业在海外市场面临巨大的风险和挑战。

3. 难以适应市场变化

海外市场变化迅速，中小跨境电商企业需要具备敏锐的市场洞察力和灵活的市场适应能力。然而，由于海外市场调研能力有限，中小型出口贸易企业可能难以及时捕捉市场变化并作出相应的调整。这可能导致企业在市场变化中失去竞争力，限制了企业的发展空间。

二、中小型出口贸易企业向跨境电商发展的机遇

（一）政府积极鼓励跨境电商的发展

近年来，各国政府普遍认识到跨境电商对于推动经济增长、促进国际贸易和提高就业的重要性，因此纷纷出台了一系列政策措施来鼓励和支持跨境电商的发展。这些政策措施为中小型出口贸易企业向跨境电商转型提供了有力的机遇和支持。

首先，政府通过制定跨境电商发展规划和战略，明确了跨境电商的发展方向和目标。这为中小型出口贸易企业提供了明确的指导和方向，使他们能够更加有针对性地制定自己的跨境电商发展计划。

其次，政府出台了一系列税收优惠政策、资金扶持政策，采取了简化审批流程等措施，以降低跨境电商企业的经营成本和提高运营效率。这些政策和措施减轻了中小型出口贸易企业的负担，增强了他们向跨境电商转型的动力和信心。

此外，政府还加强了跨境电商基础设施建设，如建设跨境电商综合试验区、完善跨境电商物流体系等。这些基础设施的建设为中小型出口贸易企业提供了更好的跨境电商发展环境，降低了他们的运营成本和市场风险。

最后，政府还积极推动跨境电商国际合作，与其他国家和地区建立跨境电商合作机制，为中小型出口贸易企业拓展国际市场提供了更多的机会和平台。

（二）"一带一路"、东盟、RCEP 等助推企业走向国际市场

"一带一路"倡议实施、东盟合作发展、RCEP 正式生效等外贸形势的改变，促使中国与世界各国的跨境电商活动更为活跃。中小型出口贸易企业可通过跨境 B2C、B2B 等多种渠道进入合作更为紧密的广阔国际市场。同时，跨境电商平台通过提供一站式营销、交易、支付结算、通关、退税、物流、金融等服务，打造数字化外贸综合服务体系，大大降低了中小型出口贸易企业的国际市场拓展成本与风险。

（三）个性化服务需求的不断提升

1. 市场细分与定位

随着消费者对产品个性化需求的增加，中小型出口贸易企业可以通过跨境电商平台更精准地找到自己的目标市场。通过对消费者数据的分析，中小型出口贸易企业可以了解消费者的偏好和需求，从而进行更精确的市场定位和产品开发。

2. 产品定制与创新

跨境电商为中小型出口贸易企业提供了与全球消费者直接交流的平台，企业可以根据消费者的反馈和需求进行产品定制和创新。这种灵活性使得中小型出口贸易企业能够快速响应市场变化，满足消费者的个性化需求。

3. 服务优化与提升

个性化服务需求的提升也促使中小型出口贸易企业优化和提升自身的服务水平。从售前咨询、售中服务到售后服务，企业都需要提供更加专业

和个性化的服务来满足消费者的需求。

第四节　促进中小型出口贸易企业跨境电商发展的对策

跨境电商作为对外贸易增长的新引擎，不仅给中小型出口贸易企业带来了巨大的发展机遇，同时也带来了不小的挑战。中小型出口贸易企业要紧密结合自身企业特性，借助跨境电商平台，不断提升产品和服务质量，争取更大的国际市场份额。

一、优化跨境电商营商环境

安全规范的营商环境是中小型出口贸易企业高效开展跨境电商的重要保障。基于这一现实需求，政府部门和中小型出口贸易企业应主动合作，共同构建积极健康的跨境电商营商环境。具体来看，政府部门需要发挥关键的主导作用，强化其统筹作用，引导跨境电商协会、科研机构、高等院校以及跨境电商企业积极建立和完善行业标准，借助完善的标准规范跨境电商经营行为。同时，政府部门应当强化市场监管，不断完善跨境电商行业的监管制度、监管体系，切实维护消费者和企业双方的合法权益，打造健康有序的市场秩序，积极构建健康的营商环境、消费环境。并且，政府还应积极参与国际标准的制定工作。通过加强国际跨境电商标准的协调，促进合格评定结果的互认，努力推动实现国际标准的互认互通，助力中小型出口贸易企业及时掌握相应标准，更好地开展跨境电商活动。此外，中小型出口贸易企业应当主动规范自身的经营行为，有序参与跨境电商的市场竞争和各类交易活动，为构建安全规范的跨境电商营商环境作出贡献。

二、提升跨境电商运营能力

（一）建立专业团队

中小型出口贸易企业应组建一支具备跨境电商专业知识和技能的团队。即使企业规模尚小，但是专业团队是促进企业快速发展的核心资源。这支团队应涵盖市场营销、平台运营、国际贸易、电子商务、客户服务、物流管理等多个方面，以确保企业在跨境电商运营中能够全面覆盖各个环节。一方面，企业应向社会广纳人才，吸纳最优秀的复合型人才。另一方面，企业还可以自主进行人才培养，通过开展培训课程、与高校合作等方式，培养具备跨境电商思维和技能的人才，为企业的跨境电商发展提供有力保障。

（二）了解平台规则

不同的跨境电商平台具有不同的运营规则和策略。中小型出口贸易企业应深入了解所选择平台的规则和政策，确保在运营过程中遵守平台要求，避免因违规操作而受到处罚。以下是重点要了解的方面。

1. 注册和认证

商家需要在跨境电商平台上进行注册，并提供相关的身份证明、税务登记证明、营业执照等证件以完成认证。这是确保商家资质和信誉的重要环节，有助于维护平台的整体质量和消费者权益。

2. 商品管理

商家需要按照平台的规定，对商品进行严格的审核，确保商品的质量和真实性。这包括提供商品的图片、描述、价格等信息，并按照商品的特性进行分类，以便消费者进行查找和筛选。平台还会对商品进行定期或不定期的抽检，以确保商品的质量和安全。

3. 订单管理

当有买家下单后，商家需要及时处理订单，确保订单信息的准确性和发货的及时性。平台通常会提供订单管理工具，帮助商家查看订单状态、处理退款退货等问题，以保障买家的权益。

4. 物流配送

平台通常会提供物流配送服务，商家需要选择合适的物流服务商，并遵循平台的物流规定，确保商品能够安全、及时地送达消费者手中。在选择物流服务商时，商家需要综合考虑物流时效、价格、服务质量等因素。

5. 支付结算

商家需要选择合适的支付方式，并确保消费者的支付安全。平台会对商家的资金进行管理，确保商家的资金安全，同时也会对消费者的支付进行管理，保护消费者的支付权益。商家需要了解平台的支付规则，避免出现支付纠纷或违规行为。

6. 售后服务

除了以上几个主要方面，商家还应关注平台的售后服务规则。这包括退换货政策、投诉处理机制等，以确保在出现问题时能够及时、有效地解决。

（三）加强营销推广

中小型出口贸易企业应制定有效的营销推广策略，包括搜索引擎优化（SEO）、社交媒体营销、广告投放等，以提高品牌曝光度和产品销量。

1. 社交媒体营销

利用 Facebook、Instagram、Twitter 等社交媒体平台，发布产品信息和优惠活动，增强品牌曝光度。同时，通过精准定位目标用户群体，进行有针对性的广告投放，提高营销效果。

2. 搜索引擎优化（SEO）

针对搜索引擎的排名特点，优化店铺或网站的关键词、标题、描述等元素，提升网站在搜索引擎中的排名，吸引更多潜在客户。此外，定期更新高质量的内容，提高网站的权威性和用户粘性。

3. 付费广告推广

选择谷歌广告、Facebook 广告等付费广告方式，根据预算和营销目标，设定合适的广告策略。通过精准投放和数据分析，提高广告的点击率和转化率，实现高效推广。

4. 电子邮件营销

通过收集客户邮箱信息，定期发送产品推广、优惠活动、新品上市等邮件，维护客户关系，提高复购率。同时，注意邮件内容的个性化和针对性，提高用户的阅读兴趣和参与度。

5. 合作推广

与其他品牌或网站进行合作，共同举办促销活动、推出联名产品等，扩大品牌影响力和市场份额。通过资源共享和互利共赢的合作方式，实现双方的共同成长。

6. 线下活动推广

参加国际展览、行业会议等线下活动，展示产品和企业形象，吸引潜在客户和合作伙伴。同时，通过现场互动和体验，增强客户对品牌的认知和信任。

7. 内容营销

创建高质量、有价值的内容，如博客文章、视频教程、产品评测等，吸引目标受众的关注和兴趣。通过内容营销，提高品牌知名度和用户粘性，促进销售转化。

8. 口碑营销

鼓励客户分享购物体验和产品评价，通过口碑传播吸引更多潜在客户。同时，及时处理客户的投诉和建议，提升客户满意度和忠诚度。

（四）完善客户服务

优质的客户服务能够提升客户满意度和忠诚度。中小型出口贸易企业应建立完善的客户服务体系，提供及时、专业的售前咨询和售后服务，解决客户问题和纠纷。

1. 建立专业客服团队

中小型出口贸易企业应组建一支具备专业知识、良好沟通能力和服务意识的客服团队。团队成员应熟悉产品知识、跨境电商流程和售后服务政策，能够准确解答客户疑问，提供专业的购物建议。

2. 多渠道客户服务支持

为了方便客户随时随地获取帮助，中小型出口贸易企业应提供多种客户服务渠道，如在线客服、电话客服、电子邮件等。同时，还可以利用社交媒体平台，如微博、微信等，与客户进行互动，解决客户问题。

3. 个性化服务体验

为了满足不同客户的需求，中小型出口贸易企业应提供个性化的服务体验。通过收集客户的购物记录、浏览行为等信息，分析客户的喜好和需求，为客户推荐合适的产品和优惠活动。同时，还可以提供定制化服务，如定制包装、专属礼品等，提升客户满意度。

4. 建立客户反馈机制

客户反馈是改进服务的重要依据。中小型出口贸易企业应建立客户反馈机制，主动邀请客户对购物体验、产品质量、售后服务等方面进行评价。对于客户的建议和意见，应认真倾听、及时回应，并针对性地改进服务。

5. 优化售后服务流程

售后服务是客户服务的重要组成部分中小型出口贸易企业应优化售后服务流程，确保客户在遇到问题时能够得到及时、有效的解决。同时，还应建立完善的退换货政策，保障客户的权益。

6. 持续培训与提升

客户服务是一个不断发展的领域，中小型出口贸易企业应定期对客服团队进行培训，提升他们的专业技能和服务水平。此外，还可以通过分享行业最佳实践、开展内部竞赛等方式，激发团队成员的创新意识和服务热情。

三、调整跨境电商产品结构

科学调整产品结构是促进中小型出口贸易企业跨境电商发展的重要措施之一。中小型出口贸易企业要依据当前外贸形势和市场需求的变化，通过以下几个方面对产品结构进行科学调整。

（一）市场调研与分析

中小型出口贸易企业需要深入了解目标市场的需求和趋势。通过市场调研，企业可以确定哪些产品受到消费者的青睐，哪些产品具有竞争优势，以及哪些产品需要改进或淘汰。首先，明确市场调研的目标和范围。企业需要根据自身的业务特点和市场需求，确定调研的具体问题和方向。例如，了解目标市场的消费者需求、竞争态势、行业趋势等，以便为产品结构调整提供有力的数据支持。其次，收集和分析市场数据。这可以通过多种途径进行，包括在线调查、问卷访谈、行业报告、社交媒体等。企业在得到调研结果之后，基于这些资料进行数据分析，需要制定针对性的产品结构调整策略。这可能包括淘汰低附加值产品、开发高附加值产品、加强品牌建设等。再次，中小型出口贸易企业还需要考虑如何平衡产品结构的调整与市场需求的关系，确保调整后的产品结构能够更好地满足市场需求，提升企业竞争力。

此外，中小型出口贸易企业需要关注消费者的真实需求，以及他们在购买和使用产品过程中遇到的问题，包括消费者行为、购买偏好、价格敏感度等信息。通过深入了解消费者的需求和痛点，企业可以发现产品结构的不足之处，并针对性地提出改进方案。同时，企业还需要对自身产品进行全面的评估，包括产品的市场接受度、销售额、利润率等指标，还需要分析产品的生命周期和竞争态势，判断产品是否具有进一步发展的潜力。

（二）产品创新与升级

中小型出口贸易企业在科学调整产品结构的过程中，产品创新与升级是至关重要的环节。通过持续的创新和升级，企业能够提升产品的竞争力，实现产品多元化，更好地覆盖不同的消费群体和市场细分，实现可持续发展。

企业需要根据市场需求、技术发展趋势和自身实力，确定产品创新与升级的具体方向和目标，这可能包括改进产品设计、提高产品质量、增加产品功能等。例如，可以关注环保、节能、智能化等当前热门领域，开发新的产品系列、增加不同规格和型号的产品；或者针对特定行业或客户群体进行定制化创新，推出具有创新性和差异化的新产品。同时，企业应加大研发投入，引进和培养高水平的研发人才，建立完善的研发体系。通过自主研发或与外部研发机构合作，不断推出具有市场竞争力的新产品。此外，企业应密切关注新技术、新工艺和新材料的发展动态，将其应用于产品创新和升级中。例如，利用物联网、大数据、人工智能等先进技术提升产品的智能化水平，提高用户体验和满意度。

（三）品质提升与品牌建设

在调整产品结构的过程中，中小型出口贸易企业应注重提升产品品质和品牌建设。高品质的产品和良好的品牌形象可以为企业赢得更多客户的信任和忠诚。这是一个系统性的过程，涉及多个方面的策略和行动。

在品质提升方面，包括为产品设定明确的品质标准，并确保这些标准符合或超越行业规范；定期评估产品质量，以确保其符合设定的标准，对不合格产品进行追溯和纠正，防止问题再次发生，并确定是否需要进行升级或改进；采用精益生产和其他持续改进方法，优化生产流程，减少浪费，提高生产效率；鼓励员工参与质量改进活动，如六西格玛、5S 等；加强研发和创新，投入资源进行产品研发，引入新技术和材料，以提高产品的整体质量和性能。

在品牌建设方面，首先应明确品牌定位，确定品牌的核心价值观和特点，确保品牌在市场上具有独特性和吸引力；其次通过市场调研，了解目标客户的需求和偏好，为品牌建设提供指导；再次打造独特的品牌形象和视觉识别系统，如标志、口号、包装设计等，并通过广告、公关活动、社交媒体等多种渠道进行品牌推广；最后通过提供优质的产品和服务，满足客户需求，建立品牌忠诚度。

（四）与产品相匹配的供应链管理

中小型出口贸易企业应确保供应链的稳定性、高效性和灵活性，以便能够快速响应市场变化和消费者需求。首先要评估现有供应链的能力和资源，包括供应商、生产商、分销商等。了解供应链中的瓶颈和潜在问题，以便在调整产品结构时考虑这些因素。其次是制定产品策略，基于市场需求和供应链能力，制定相关产品策略，并确保产品策略与公司的整体战略和目标保持一致。最后根据产品策略，优化供应链布局。这可能包括调整供应商、生产商和分销商的合作关系，以及优化物流和仓储等方面。通过优化供应链布局，可以提高效率、降低成本，实现供应链的透明化和可追溯性，更好地满足市场需求。

四、提升跨境电商服务效率

提升服务效率是促进中小型出口贸易企业跨境电商发展的关键要素。在日益激烈的国际市场竞争中，高效的服务对于赢得客户信任、提升品牌形象以及实现可持续发展至关重要。

（一）优化流程与培训

中小型出口贸易企业在跨境电商的运营中，内部流程的优化是提升整体运营效率和服务质量的关键。优化内部流程意味着企业要对现有的工作环节进行梳理，发现并去除那些不必要的、烦琐的环节，以简化工作流程，提高工作效率。

在这一过程中，企业的首要需要对现有的工作流程进行全面分析，找出可能存在的瓶颈和问题。这包括了解各个环节之间的衔接是否顺畅，是否存在重复或冗余的工作，以及是否存在耗时较长、效率较低的环节。通过深入分析，企业可以明确优化的方向和目标。

当然，企业需要制定具体的优化措施。这可能包括简化审批流程、缩短决策周期、优化订单处理流程等。例如，企业可以通过引入自动化系统和智能工具来减少人工操作，降低出错率，提高处理速度。同时，企业还可以优化仓储和物流环节，确保产品能够快速、准确地送达消费者手中。

除了优化流程外，加强员工培训和素质提升也是至关重要的。员工是企业运营的核心力量，他们的服务意识和专业水平直接影响到企业的运营效果。因此，企业需要定期对员工进行培训和考核，提升他们的专业素养和服务意识。这包括培训员工掌握新的技能和知识，提高他们的工作能力和效率；同时，也要加强员工的职业道德教育，培养他们的责任心和敬业精神。

通过优化内部流程和加强员工培训和素质提升，中小型出口贸易企业可以建立起一个高效、专业的运营团队，为跨境电商的顺利发展提供有力保障。这不仅有助于提高企业的运营效率和服务质量，还能够增强企业的竞争力，赢得更多客户的信任和支持。

（二）利用信息技术

中小型出口贸易企业在跨境电商运营中，应积极拥抱现代信息技术工具，如大数据分析、人工智能等，以提升服务效率和质量，增强市场竞争力。

① 大数据分析在跨境电商运营中发挥着至关重要的作用。通过对海量客户数据的深入挖掘和分析，企业可以了解消费者的购买习惯、兴趣偏好以及潜在需求，从而为消费者提供更为精准、个性化的服务。例如，企业可以根据消费者的历史购买记录和浏览行为，精准推送相关的产品信息和优惠活动，提高购买转化率。同时，大数据分析还可以帮助企业预测市场趋势，优化产品结构和营销策略，提升整体运营效果。

② 人工智能技术的应用也为跨境电商运营带来了革命性的变革。通过利用自然语言处理、机器学习等技术，企业可以实现智能客服、智能推荐等功能，提高客服响应速度和处理能力，降低人力成本。智能客服可以 24 小时不间断地为消费者提供咨询和解答问题，解决消费者的疑虑和困惑；智能推荐系统则可以根据消费者的购物历史和喜好，自动推荐相关的产品，提高购物体验。

③ 自动化工具也是提升服务效率和质量的重要手段。通过引入自动化订单处理系统、自动化仓储管理系统等,企业可以实现订单的快速处理、商品的准确配送以及库存的实时监控,减少人工干预和错误率,提高整体运营效率。

(三)建立快速反应机制

在跨境电商运营中,客户反馈和投诉是企业不可忽视的重要环节。针对客户的声音,中小型出口贸易企业应建立快速反应机制,以确保问题能够得到及时解决,服务得以不断改进。

① 企业应设立专门的客户服务团队,负责接收、分析和处理客户的反馈和投诉。这一团队应具备良好的沟通技巧和专业知识,能够迅速理解客户的问题,并给出合理的解决方案。当收到客户反馈或投诉时,团队应立即展开调查,分析问题原因,并尽快提出解决方案。对于复杂或需要协调多部门的问题,团队应建立跨部门协作机制,确保问题能够得到有效解决。

② 企业应注重客户反馈和投诉的跟踪与反馈。一旦问题得到解决,客户服务团队应及时向客户反馈处理结果,并询问客户是否满意。对于未能及时解决的问题,团队应定期跟进,确保问题不会被遗漏或延误。此外,企业还可以通过定期的客户满意度调查,了解客户对服务的整体评价,以及他们的需求和期望。

③ 在进行客户满意度调查时,企业可以采用多种方式,如在线问卷、电话访谈等。调查内容应涵盖产品质量、服务质量、价格等多个方面,以便全面了解客户的评价和期望。通过分析调查结果,企业可以发现服务中的不足和需要改进的地方,从而制定针对性的改进措施。

④ 企业应将客户反馈和投诉作为改进服务的重要依据。在收集到客户

的声音后，企业应进行深入分析，找出问题的根源和原因，并制订相应的改进计划。同时，企业还应将改进成果及时告知客户，让客户感受到企业的诚意和努力。

（四）强化物流管理

跨境电商作为一种全球化的贸易模式，其核心环节之一就是跨国运输与配送。由于跨境电商涉及多个国家和地区，因此其物流过程远比传统的国内贸易更为复杂和烦琐。中小型出口贸易企业，作为跨境电商的重要参与者，面临着巨大的物流挑战。为了确保产品能够准确、及时且安全地送达消费者手中，这些企业必须建立完善的物流体系。

建立完善的物流体系，首先意味着中小型出口贸易企业需要深入了解国际物流的运作机制和规则。这包括了解不同国家的进出口政策、关税规定、运输方式及清关流程等。只有掌握了这些基本信息，企业才能制定出符合自身需求的物流策略。

接下来，中小型出口贸易企业可以与专业的物流公司建立紧密的合作关系。这些专业物流公司通常拥有丰富的国际物流经验和先进的物流技术，能够为企业提供全方位的物流服务。通过与这些公司合作，企业可以充分利用其物流网络、仓储设施及运输工具等资源，实现产品在运输过程中的安全性和时效性，降低运输风险和损失。

在合作过程中，中小型出口贸易企业还可以借助物流公司的管理经验和技术手段，提高自身的物流效率。例如，企业可以采用智能化的仓储管理系统，实现库存的实时监控和预警；利用大数据分析技术，预测产品的销售趋势和物流需求；通过物联网技术，实现产品的追踪和定位等。这些技术的应用不仅可以提高物流效率，还可以降低企业的运营成本。

此外，中小型出口贸易企业还应关注物流过程中的风险管理。由于跨境电商涉及多个国家和地区，因此其物流过程中可能面临各种风险，如政治风险、汇率风险、运输风险等。为了应对这些风险，企业可以建立风险预警机制，及时了解和评估潜在风险；同时，企业还可以购买物流保险，以降低因风险事件造成的损失。

（五）提升数字化运营能力

中小型出口贸易企业要想在跨境电商领域取得长远的发展，建立自己的网站和移动应用程序，实现数字化运营是至关重要的一步。通过构建专属的在线平台，企业能够更直接、更全面地展示自身的品牌形象和实力，从而有效提升知名度与影响力。同时，这也是企业向全球消费者展示其优质产品和服务的重要窗口，有助于吸引更多潜在客户的关注。

在数字化运营的过程中，中小型出口贸易企业可以通过网站和移动应用程序发布最新的产品信息、促销活动以及行业资讯，使消费者能够随时了解企业的最新动态。此外，企业还可以利用这些平台与消费者进行互动交流，收集用户的反馈和建议，从而不断改进产品和服务，提升客户满意度。

除了展示产品和服务外，中小型出口贸易企业还应充分利用网站和移动应用程序进行数据分析。通过对跨境电商运营数据的深入挖掘和分析，企业可以了解产品销售情况、用户行为等信息，进而发现市场的潜在需求和发展趋势。这为企业制定和调整运营策略提供了有力的数据支持，有助于企业优化产品结构和营销策略，提高市场竞争力。

为实现数字化运营的持续优化，中小型出口贸易企业还应注重技术更新和人才培养。企业应积极引进先进的数字化技术和管理经验，不断提升网站和移动应用程序的性能和用户体验。同时，企业还应加强内部员工的数字化培训，提高员工的数字化素养和技能水平，为企业的数字化发展提供有力的人才保障。

参考文献

［1］贾孝魁. 跨境电商运营与人才培养路径探索［M］. 北京：北京工业大学出版社，2022.

［2］阿里巴巴商学院. 跨境电商运营实务：跨境营销、物流与多平台实践［M］. 北京：电子工业出版社，2019.

［3］李毅. 跨境电商运营实战攻略［M］. 长春：吉林大学出版社，2021.

［4］杭晨，张风久，秦臻. 跨境电商运营与管理实务［M］. 长春：吉林人民出版社，2021.

［5］张华政. 跨境电商对我国进出口贸易的影响研究［D］. 北京：北京工业大学，2021.

［6］殷秀梅，彭奇. 跨境电商实务［M］. 重庆：重庆大学出版社，2022.

［7］喻红阳. 我国跨境电商快速发展的原因、问题及对策［J］. 时代经贸，2023，20（11）：114-116.

［8］刘书含. 跨境电商对进出口贸易的影响研究［D］. 北京：对外经济贸易大学，2022.

［9］杜鹃，王冰，蔡君如. 跨境电商运营［M］. 成都：电子科技大学出版社. 2020.

［10］史浩，戴小红. 跨境电商支付：含活页练习册［M］. 北京：中国人民大学出版社，2022.

［11］刘春生. 跨境电商实务［M］. 北京：中国人民大学出版社，2022.

［12］张彤，朱乐. 跨境电商基础［M］. 天津：天津社会科学院出版社，2021.

［13］林琛. 基于跨境电商环境下的国际物流模式探讨［J］. 商展经济，2024（02）：28-31.

［14］郭建芳. 供应链视角下跨境电商与跨境物流协同发展分析［J］. 企业科技与发展，2018（06）：18-19.

［15］常河山. 创新结算，跨境电商迎来政策"红利"［N］. 现代物流报，2024-01-29（004）.

［16］彭怡，冯倩. 跨境电商点燃外贸发展"新引擎"［N］. 贵州日报，2024-01-29（006）.

［17］刘小花. 我国出口跨境电商物流服务能力评价研究［D］. 南昌：江西财经大学，2023.

［18］张晓艳，张赶，王磊. 央行数字货币与跨境支付的发展趋势与影响研究［J］. 当代金融研究，2021（25）：31-39.

［19］章学拯，苏庆新. 国际贸易电子化实务与跨境电子商务［M］. 上海：上海人民出版社，2019.

［20］陈青. 区块链技术在跨境支付结算中的应用研究［J］. 质量与市场，2021（16）：133-135.

［21］李鑫. 区块链技术在跨境支付中的应用研究［J］. 时代金融，2020（33）：91-93.

［22］黄仙姜. 基于区块链技术的跨境电商支付新模式探究［J］. 莆田学院学报，2023，30（01）：85-89.

［23］陈青. 区块链技术在跨境支付结算中的应用研究［J］. 质量与市场，

2021（16）：133-135.

[24] 羊英，陈建，吴翠红. 跨境电商物流实用教程［M］. 北京：中国海关出版社，2019.

[25] 张永刚. 探析跨境电商的物流供应链管理［J］. 中国航务周刊，2023（29）：43-45.

[26] 鄂立彬. 跨境电商供应链管理［M］. 北京：对外经济贸易大学出版社，2017.

[27] 刘春生. 经济管理类课程教材国际贸易系列跨境电商实务［M］. 北京：中国人民大学出版社，2022.

[28] 郭建芳. 供应链视角下跨境电商与跨境物流协同发展分析［J］. 企业科技与发展，2018（06）：18-19.

[29] 范耀胜，肖军，薛萌萌，等. 全球跨境支付发展趋势及对我国启示［J］. 国际金融，2023（02）：56-67.

[30] 段昱丞. 基于跨境电商背景的国际贸易发展分析［J］. 全国流通经济，2023（18）：64-67.

[31] 王阳. 跨境电商发展对国际贸易影响的研究［D］. 泉州：华侨大学，2021.

[32] 陈洪飞. 跨境电商发展对我国出口贸易提质增效的影响研究［J］. 全国流通经济，2023（19）：24-27.

[33] 宋东杰. 跨境电商发展水平对我国出口贸易的影响研究［D］. 杭州：浙江大学，2023.

[34] 张华政. 跨境电商对我国进出口贸易的影响研究［D］. 北京：北京工业大学，2021.

[35] 王楷澎. 跨境电商对中国出口产品质量影响研究［D］. 杭州：浙江财经大学，2023.

[36] 王松. 跨境电商对中小型出口贸易企业的影响浅析 [J]. 老字号品牌营销, 2022（24）: 136-138.

[37] 张明侠. 中小型出口贸易企业跨境电商产品运营现状及策略分析 [J]. 中国新通信, 2023, 25（19）: 150-152.

[38] 曹琳. 中国小微外贸企业跨境电商的发展研究 [J]. 全国流通经济, 2023（21）: 52-55.

[39] 魏相明. 浅析跨境电商对中小型出口贸易企业的影响 [J]. 营销界, 2023（01）: 92-94.

[40] 产文涛, 尹明露. 浅析跨境电商小额贸易发展瓶颈与应对策略 [J]. 商场现代化, 2024（01）: 36-38.

[41] 宋小雨. 中小型出口贸易企业选择跨境电商平台的策略研究 [J]. 全国流通经济, 2023（20）: 48-51.

[42] 梁艺凡. 中小皮革外贸企业向跨境电商转型的问题与对策 [J]. 中国皮革, 2023, 52（11）: 28-30, 34.

[43] 林玉笛. 我国出口跨境电商企业核心竞争力影响因素研究 [D]. 南宁: 广西民族大学, 2023.

[44] 丁雪艳. 区块链技术在跨境支付清算中的应用 [J]. 财务实践, 2020（6）: 113-117.

[45] 庞佳璇, 郝惠泽. 基于区块链技术跨境支付模式分析及监管探究 [J]. 经济师, 2020（6）: 56-57.

[46] 彭博. 区块链技术在跨境支付中的优势、应用及启示 [J]. 金融实践, 2019（11）: 57-60.

[47] 崔良莉. 区块链技术在跨境支付上的对比研究 [J]. 环渤海经济瞭望, 2018（11）: 194-195.

[48] 李海波. 区块链视角下我国跨境电商问题解决对策 [J]. 中国流通经

济，2018（11）：43-44.

［49］中国跨境出口 B2C 电商 2020—2021 年年度发展报告 北美篇［R］.
上海艾瑞市场咨询有限公司. 艾瑞咨询系列研究报告（2021 年第 2
期）. ［出版者不详］，2021：51.

［50］李峰. 2023 年我国跨境电商出口特点、机遇与挑战［J］. 供应链管理，
2024，5（03）：20-26.